信長

「歴史的人間」とは何か

本郷和人

Transview

信長——「歴史的人間」とは何か

序　なぜ、いま「信長」を考えるのか

信長は革新的な人物か、普通の大名か

「歴史上の人間で好きな人物を三人挙げよ」というと、幕末の志士であった坂本龍馬とともにランクインする確率が非常に高いのが織田信長である。

このように信長人気が高まったのは、実はそれほど昔からではない。もともとはその残虐性によって、戦国武将の中でもさほど人気があるとは言えなかった。それが幕末から明治時代にかけて、信長は勤王家、つまり朝廷の復活に功あった人という位置づけで高く評価されるようになった。たとえば明治三年には信長を祭神とする建勲《たけいさお》神社が建てられ、同十三年に京都の船岡山に遷座して現在に至っている。さらに戦後になると一変して、信長は天皇制すら否定し、中世を終わらせた革命家、すなわち異端のヒーローとして扱われ

るようになったのだ。

それに対して、信長をヒーローとして扱うことに反対する意見が、歴史研究者や歴史愛好家を中心に生まれてくる。唯物史観的な研究の視点から見れば、「ひとりの人間が歴史を変えることなどない。信長を高く評価するのは英雄史観である」として、信長のヒーロー視に警鐘を鳴らす。

これとは別に、「信長は普通の戦国大名にすぎず、さほどの革新性はない」と主張している人たちもいる。その多くは武家の行動への評価が低い人たちである。日本の都はずっと京都で、王といえば天皇で、法としては律令がある……。そういうふうに歴史のダイナミズムを強調しないのだ。私には、彼らの台頭は、変化を好まぬ昨今の政治・経済情勢と密接に関係しているように思える。信長の評価はその時の社会状況に大きく左右されているのではないだろうか。

信長が武田信玄や上杉謙信、今川義元ら他の戦国大名と大差ないと主張する研究者たちが提示する事例に、楽市楽座の開設や関所の撤廃などの経済政策がある。これらは、かつては信長による新しい政策と考えられ、教科書にもそう記されてきた。しかし、実際には他の戦国大名が信長に先んじて実施していることがわかり、史料でも裏づけられている。

楽市楽座や関所の撤廃などが信長のオリジナルではないのだから、信長が他の戦国大名と違って経済政策に通暁《つうぎょう》していたとは言えないという話になるわけだ。

あるいは、信長が鉄砲を大量に入手し、鉄砲隊を組織したところが、他の戦国大名と違う新機軸だと言われてきた。その典型的なケースとしてクローズアップされたのが、武田勝頼《かつより》の軍勢を打ち破った一五七五年の長篠の戦いである。しかし、実際には武田信玄も上杉謙信も鉄砲の重要性を認識し、相当数の鉄砲を手に入れていたことが史料でも裏づけられている。

こうした研究をもとに「信長は他の戦国大名と大差なく、新しくもない」と主張し、なかには「そもそも信長の鉄砲隊があったかどうか疑わしい」と言う研究者もいる。

鉄砲隊が組織されていたかどうかという具体的な検証は別の機会に譲るとして、私が不思議でならないのは、そういう主張をする研究者たちが「信長が普通の戦国大名と変わらない」ことを立証するのに執着している点である。なかには、定説をひっくり返すことそのものが目的になっているようなケースも見られ、研究がいびつな形で行われることに危機感を覚えざるをえない。

私が師匠で東京大学名誉教授の石井進《すすむ》先生に厳しく教えられたのは、何かを批判する際は「では、君はどう考えるのか」と問われたときに、きちんと答えられるように用意をしておけということだった。そうでなければ、批判のための批判になってしまうからだ。

信長の新しさを否定する研究者たちの論稿を見ると、「信長は朝廷を尊重していなかったと言われるが、そうとも言えない」とか、「信長は神仏を軽視していたと言われるが、そうとは限らない」というスタンスで従来の説が批判されているが、その後に自説が伴っていないのだ。

これでは、他の研究者が言っていることをただ引っくり返しているにすぎない。では、「信長は朝廷を尊重していたのか」あるいは「信長は神仏を重視していたのか」という質問に、彼らはどう答えるつもりなのだろうか。

信長は確かに個性的な武将だった。だが、信長の革新性が好きだとか残虐性が嫌いだとかといった、信長個人への感情移入は学問的には意味がない。そして、ある特定のイデオロギーを信長に託すこともあってはならない。そもそも、歴史学が信長の内面を探るうえで手助けになるということはない。

もちろん、一般の方が歴史上の人物に肩入れをするといった楽しみ方は大いにあってよいと思う。逆に、とんでもないやつだと嫌いになることもあるだろう。そして研究者だって歴史好きのひとりなのだから、個人的に研究対象に好悪の印象を持つことは構わない。だが、それが学問をするうえで表に出てくるのは違うだろう。

「歴史的人間」としての信長

信長が室町幕府最後の将軍だった足利義昭《よしあき》を追放した結果、一五七三年に室町幕府が滅亡した。それは歴史上の事件には違いないが、それ以前から義昭は完全に死に体であったから、実態としては義昭の追放に大した意味はない。

天下人は足利義昭であったから、ここが歴史の分水嶺であったと主張している研究者もいるが、やはり実態を見なければならない。実態と形式は大きく違っているからだ。実態という意味では、誰が見ても義昭の幕府は信長の傀儡《かいらい》政権である。その政権が倒れても、形だけの変化でしかないと考えるのが妥当だ。

こうした考え方は、日本史研究の随所に見られる。

第二章で詳しく述べるが、たとえば律令国家のあり方をどう捉えるか。成文法としての律令があったことは事実だが、そこに書かれていた通りの現実が本当にあったのか。律令という形式と実態に齟齬《そご》があるとしたら、そちらを明らかにすることが歴史学の果たすべき役割である。

そのために必要なのが、時代を超えて歴史を見る視点である。

太平洋戦争のころ、八紘一宇（世界は一家であるという大日本帝国が掲げたスローガン）や大東亜共栄圏などという言葉で戦争の正当化が主張されたが、いずれも言葉だけで実態などなかった。

五族（日本人・漢人・朝鮮人・満洲人・蒙古人）が協和し、東アジアの国々がともに栄えると口では言っているが、実際の盟主というか支配国が日本であったことは自明で、それを字義通り受け取る人は現代では多くはないだろう。

しかし、実態を見ていく努力を続けていかないと、たとえば百年後、二百年後に八紘一宇や大東亜共栄圏は素晴らしい理念であった、さらにはあの戦争はまちがいではなかったということになってしまいかねない。

話を戻すと、「信長は普通の戦国大名であった」と主張する研究者に対して問いたいことは至極シンプルである。「もし信長が普通の戦国大名であったならば、なぜ信長の出現によって戦国時代が終わりを告げたのか」ということだ。この問いにどう答えるのか。

信長が普通の戦国大名ならば、戦国時代は続いていたはずだ。にもかかわらず、終焉《しゅうえん》を迎えたとすれば、その理由を提示する必要がある。そうでなければ「たまたまそうなった」「それが成り行きだった」としか答えようがないではないか。それで、歴史学が成り立つのか。

信長の革新性を褒《ほ》め称《たた》え、英雄として祭り上げるつもりは全くない。しかし、信長が特別な戦国大名であり、信長の働きかけがあったからこそ戦国時代は終わったのであり、歴史学はそのことを説明しなければならない。

矛盾したことを言っているようだが、要はこういうことだ。

卓越した信長の個性が時代を作ったと考えるのではなく、戦国時代に生きた人たちが欲していたことに信長が応えたからこそ、時代を転換することができたのだ。信長を生み出したのは、他ならぬ戦国の世に生きた人々だったのである。

もちろん、これは構造的な意味であり、信長が本当に民の声に耳を傾けて民主的に振舞ったということでないのは言うまでもない。

後に江戸幕府となっていく、ひとつの大きな権力が準備される過程で、信長という存在が生まれてきた。そうだとすると、信長がどういう社会的な要請を受け、その要請にどう応えたのかという点こそを、明らかにすべきである。

なぜ、いま信長なのか。それは、最近の信長研究に強い危惧を覚えるからであり、また、私の考える歴史の捉え方を提示するのに、信長という題材が最適だからである。

本書では、信長を「歴史的人間」と捉えて考察を進める。「歴史的人間」とは何かについての詳しい説明は終章でするが、先に述べたように「社会の要請に応えた歴史上の人物」ということだ。

信長がどういう時代の裂け目に、あるいは変化の狭間にあり、どういう行動を起こしたことによって時代の変化がその姿を現したのかを見ていきたい。そのために、信長の行動を、宗教や土地、軍事や国家、社会などの構造から捉えることによって、歴史と人間の因果関係を明らかにしていく。

その意味で、本書は信長についての本でありながら、信長の事跡を細かく追いかけたものにはなっていない。ともすれば、信長が全然出てこないではないかというお叱りを受けるかもしれないが、私の興味は信長の一挙手一投足ではなく、もっと広い時代の流れの中での信長像を描くことにある。

すなわち、信長の伝記のようなものを読みたい読者の期待には応えられないが、日本史における信長という人物の持つ意味、本書の言葉で言えば歴史の構造を知りたい方の関心に沿うものになるはずである。

歴史の構造をきちんと把握すれば、英雄である信長でなくても誰かが社会的な要請を体現していたこと、なかでも信長は要請を体現する戦国大名として、もっとも効果的に振舞うことができた人物だったことが浮き彫りになるだろう。

また、終章では明治以後の日本史学を振り返り、私が考える構造から脱構築へと至る歴史学の新たなスキームについて素描してみた。本書の第一章から第五章までの議論は、信長という歴史的人間を題材に、その新たなスキームを念頭に叙述した試みである。

目次

第三章　信長と軍事

第四章 信長と国家

第五章　信長と社会

終章　歴史的人間とは何か

信長の生涯

本書を始めるにあたり、信長の生涯を簡単に追っておこう。詳しい人は飛ばしていただいて構わない。

信長は一五三四年、尾張国の過半を掌握していた戦国大名、織田信秀の嫡子として生まれる。子供の頃から当時の人々の常識を逸脱する行動をとったため、当初は「うつけ」と評されたと言われている。

一五四六年に元服し、四八年には美濃の斎藤道三の娘と結婚、五二年頃とされる父の没後に家督を継承する。尾張では織田一族が互いに争っていたが、本家である清洲・岩倉の両織田家を滅ぼして尾張を統一した。

一五六〇年に桶狭間の戦いで駿河《するが》・遠江《とおとうみ》を領地とする今川義元を倒し、徳川家康と同盟を結ぶ。六三年、本拠を小牧山城に移す。

一五六五年に第十三代将軍の足利義輝が殺害されると、弟の義昭は幽閉を逃れて、各地の大名に上洛への支援を呼びかける。

信長は一五六七年に斎藤龍興《たつおき》を降《くだ》して美濃を占領。本拠を岐阜に移すと、足利義昭の呼びかけに応じる。翌六八年には、義昭を奉じて上洛し、第十五代将軍に擁立、これに反発した三好《みよし》三人衆を退ける。

これ以降、近江の浅井氏、越前の朝倉氏、比叡山延暦寺《ひえいざんえんりゃくじ》、甲斐の武田氏、一向一揆などと各地で戦いを続ける。七〇年、姉川の戦いで、織田・徳川連合軍として浅井・朝倉連合軍に勝利。

一五七一年には延暦寺の焼き討ちを行い、僧侶約四千人を虐殺、数々の堂塔、寺宝が失われた。この頃より次第に将軍義昭と対立するようになる。

一五七三年に浅井氏・朝倉氏を続けて滅ぼす。将軍足利義昭は信長に対して挙兵するも、打ち破られて畿内を追放され、ここに室町幕府は滅びることとなった。

一五七五年には、長篠の戦いで鉄砲を効果的に用い、甲斐の武田勝頼に勝利する。翌七六年に安土城を築いて居城とする。安土城天守閣は七九年に完成、これより後の城郭建築の模範となった。

一五七七年以降、羽柴秀吉を西国攻めの大将とする。

一五八〇年には、一向宗の本山である石山本願寺を降して畿内を統一。八二年に武田氏を滅ぼす。同年、中国・四国地方の平定のために京都に入り本能寺に滞在していたところを家臣の明智光秀に襲撃され、自害した。

第一章

信長と宗教

比叡山焼き討ちのむごさ

数ある信長の戦いのなかでも、際立って残忍な攻撃のひとつが一五七一年に行った比叡山延暦寺（現在の滋賀県大津市）の焼き討ちである。三万人余りの軍勢で取り囲み、攻撃中止を求める延暦寺側の嘆願を無視して根本中堂《こんぽんちゅうどう》などの寺社を焼き払い、僧兵を含む僧侶およそ四千人を皆殺しにしたとされる。

信長はなぜ、比叡山を攻撃したのか。それは、比叡山が信長に敵対していた浅井・朝倉と結び、比叡山そのものをいわば要塞として使っていたからだ。

浅井・朝倉が領国に引き上げた後、信長は比叡山に対して「自分に味方するか、それができないのであれば出家の道理として中立せよ」と釘を刺した。要するに「大名同士の戦いに首を突っ込むな」と言ったのだが、比叡山側はそれを拒否した。

このため、信長は「命令に従わないと焼き払う。私はやると言ったらやる」という趣旨の最後通牒《つうちょう》を突きつけた。これに対して、比叡山側が「やれるものならやってみろ」という不遜な態度を見せたので、信長は比叡山攻撃に踏み切った。

このように、信長が一定の「手続き」を踏んで比叡山を焼くに至ったことを根拠に、信長は非常に理性的で、わかりやすい人物だと考える研究者がいる。そういう人たちは信長が理性的であることを強調して、「侵略マシーンとも言える暴力的な戦国大名である」とか、「時代の変革を担った人物だ」といった主張を否定する。

しかし、考えてみてほしい。殺人や強盗などの凶悪犯罪を犯すときに、きちんと手続きを踏み、相手に通告していればいいかと言えば、いいわけがない。無論、戦国時代において戦いは当たり前であり、今の感覚で単純にいい悪いを判断はできないが、相手を負かすことと虐殺はまったく意味合いが異なる。要するに、比叡山を焼き払うというむごい行為が問題なのである。

比叡山を攻撃した武将は、信長を含めて三人いる。室町幕府第六代将軍の足利義教《よしのり》と、応仁の乱後に専制政治を行った管領の細川政元も比叡山を攻撃している。しかし、ふたりが攻撃したのは比叡山の僧兵たちに限定されていた。

当時、大きな寺ではだいたい僧兵を養っていた。有名なのが南都《なんと》北嶺《ほくれい》、つまり奈良の興福寺（南都）と比叡山（北嶺）で、多数の僧兵を従えていたのである。

この僧兵の多くは出家した武士の子弟たちであり、その意味では僧侶の格好はしていても、実質的に武士と言っていい存在であった。源義経の家来になった武蔵坊弁慶をイメージすればよい。比叡山の場合は、山門使節と称された存在が、その僧兵たちを束ねていた。一方、信長が攻撃したのは僧兵に止《とど》まらず、教典を学ぶ学僧や修行に明け暮れていた清僧たちも皆殺しにしている。

天台宗の開祖・最澄《さいちょう》が建立した比叡山延暦寺は、平安時代以降、日本の仏教の総本山のような場所であり、数多くの仏典（聖教《しょうぎょう》という）や古文書が所蔵されていた。法然や親鸞、栄西、道元、日蓮（この人は異説あり）ら後に鎌倉仏教として花開く宗派の創始者はみな延暦寺で修行した。「日本仏教の母山」と呼ばれるほど影響力のあった寺だ。

延暦寺と対照的に、真言宗の教学センターとも言える京都市の東寺には膨大な史料が残っていて、これがないと中世の研究ができないのではないかというくらいの重要な古文書群となっている。もちろん、一括して国宝（古文書としては初めて）に指定されている。それに匹敵する、あるいはより多くの古文書が延暦寺にもあったはずだが、それらは信長の焼き討ちで灰燼《かいじん》に帰してしまったのである。

古文書だけではない。比叡山には本堂や五重塔などの建築物はもとより、仏像や絵画などの仏教芸術作品も数多く所蔵されていた。残っていれば、当然ながら国宝や重要文化財に指定されたであろう建築物や芸術作品もほとんどが焼かれてしまっている。

逆に言えば、それほど信長による破壊は徹底的だったということだ。

信長が殺害した僧侶四千人という数字を現代で当てはめると、ちょうど東京大学の教授・准教授ら全員に近い。つまり、東京大学のキャンパスを焼き討ちして、教員全員を殺戮するようなものだ。手続きを踏んでいるからと言って、そんな暴挙を容認することはできないだろう。

耐用年数を超えていた既成仏教

ただし、ここで立ち止まって考えなければいけないことが、一点ある。

それは、なぜこうした仏教の一大拠点が守られるべきものではなく、攻撃してもいいと判断される対象になったのか、ということである。その理由として考えられるのが、この当時、天台宗や真言宗が国家を担う宗教としての耐用年数を過ぎていたのではないかということである。

最澄が開いた天台宗と空海が開いた真言宗は、平安時代以後、朝廷の貴族に代表されるようなエリート層を精神的に支えた宗教だった。さらには、比叡山は多くの僧兵を擁《よう》し、時の政治権力に干渉するほどの大きな力を持っていた。

よく天皇家は八百万の神々の中心だった天照大神《あまてらすおおみかみ》の子孫であり、神道の主であると言われる。朝廷と密なる宗教は神道であると理解されている。だが、これは端的に言って誤りだ。実際に朝廷を支えていた一番の宗教は仏教だったのだ。

そもそも日本における仏教は鎮護国家のために広まったものである。平安時代から、朝廷においては仏教儀礼が行われているのが常態であった。その儀礼が天台宗や真言宗の教えに基づいていたことが史料を見ればすぐにわかる。

天台宗や真言宗のトップに君臨する僧職には、天皇家や摂関家の子弟で出家した人たちが就いていた。そういう皇族や貴族出身の高僧が朝廷に出入りをしていて、儀礼を取り仕切ったわけだ。

ちなみに、神道の神官で最高位にあったのは神祇伯《じんぎはく》家で、大中臣《おおなかとみ》氏が伊勢神宮の祭主に代々就任しているが、官位は二位と高いが、何の政治力も持たなかった。このことからも、仏教と神道の力関係がわかる。

院政をしいたことで有名な白河上皇が「賀茂河の水、雙六《すごろく》の賽《さい》、山法師、是ぞわが心にかなはぬもの」と言ったという『平家物語』の記述はよく知られている。

サイコロの目は当然、思うままにならないし、賀茂川の水もしばしば氾濫して上皇を悩ませた。それだけでなく、山法師つまり比叡山の僧兵たちも朝廷にとっては脅威であった。その一方で、朝廷は源平の争乱や承久の乱、後醍醐天皇の倒幕戦など、武家と対立して戦う際に、すぐに山法師の力を借りようとしたのも確かである。

その比叡山を、信長は徹底的に破壊したわけだが、その背景にはやはり比叡山の教え自体が耐用年数を迎えていたことがあるのではないか。というのも、仏教の受容は人々の知性の進展と深く結びついたものであるからだ。つまり、最澄の教えそのものの価値は全く以てすばらしいものだったが、それを受け取る側が変化したために社会に対し影響力を失っていったということである。

天台宗は顕教《けんきょう》、真言宗は密教《みっきょう》と呼ばれる。

顕教というのは合理的、つまり精進に精進を重ねれば人間にも理解できる教えであり、仏の教えをひとつひとつ学び、積み上げていくことによって仏の悟りに達する学問的な宗教である。その教義の中心には、生身の人間として法を説いた釈迦如来がある。

一方、密教は顕教と異なり、仏の教えは大変に奥深いものであり、われわれ人間の知性が及ぶところではないと教える。だから、仏の説いた通りに儀式を行うと摩訶不思議な働きによって人間は悟りに到達できるとする。言ってみれば、知性の跳躍が必須なのだ。宗教であるから、最終局面では信じるか、信じないかという選択になるわけで、そういう知性の跳躍はもちろん顕教にもあるけれども、その跳躍の幅が密教の方がずっと大きいと言ってよいだろう。

そして、密教の教義の中心は大日如来である。たとえば、毘盧遮那仏《びるしゃなぶつ》と呼ばれる東大寺の大仏が大日如来だ。では、大日如来と釈迦如来はどういう関係かというと、これはエホバとキリストの関係に似ている。

キリスト教では、人間としてこの世に現れたイエス・キリストという存在が信仰の対象になっているが、その背後に天にまします父なる神がいるわけだ。だからこそ、キリストはゴルゴダの丘で十字架に架けられるとき、「エリ、エリ、ラマサバクタニ（主よ、主よ、どうして私を見捨てられたのですか）」と言ったと聖書に記される。

キリスト教が一神教であり、偶像崇拝が厳しく禁じられていることを知っている人は「キリストと父なる神はどういう関係なのか」という疑問を持つにちがいない。これについて、キリスト教神学では聖霊の存在を加えて、キリストと神と聖霊はそれぞれ違うように見えて、実は一体であるという三位《さんみ》一体説を導き出している。

仏教では聖霊を加えることはなかったが、大日如来が人間の形でこの世に現れて教えを説いたのが釈迦如来であると考えた。これはキリスト教における父なる神とキリストの関係とよく似ている。

この顕教と密教を前にしたとき、平安時代の貴族たち（言うまでもなく彼らは知性のトップエリートであった）はどちらを歓迎しただろうか。

合理主義がしみついている近代人の私からすれば、護摩を焚《た》くと不動明王の姿が現れたり、龍が見えたりする密教にはある種の胡散《うさん》臭さが拭えない。したがって、貴族たちはより合理的な顕教を歓迎したのではないかと考えるわけだが、実際に当時の貴族が喜んで受容したのは密教の方であった。

このため、最澄は「これはいかん」ということで、慌てて空海から教典を借りて必死に密教を学んだと伝えられている。この貸し借りが最澄と空海が仲たがいする一因になったという説もあるようだが、いずれにせよ天台宗の側では後の円仁《えんにん》が中国まで行って密教を学び直しており、比叡山はこうして密教の教えを取り込んだ。

だから、比叡山の密教を天台宗の密教という意味で「台密《たいみつ》」、真言宗の密教の方を東寺の密教という意味で「東密《とうみつ》」と呼んだのである。つまり、平安時代から鎌倉時代にかけての仏教世界は、密教体制と言ってよい。

権門体制論を説いた大阪大学教授の黒田俊雄先生は顕密体制論という壮大な仮説を打ち出したが、実際には「密密体制」と呼ぶべきものであった（もちろん黒田先生はそんなことは十分に理解していたが、より浸透しやすいネーミングとして顕密という言葉を選んだ）。

神秘主義から合理主義へ

密教体制の下、朝廷ではさまざまな形で密教儀礼が繰り広げられていた。

たとえば、流行り病が全国に蔓延したり、天候不順が続いて凶作に見舞われたりしたとき、護摩や祈禱《きとう》などの密教儀礼に縋《すが》って、天災を克服しようとしたわけだ。そればかりではない。人災、たとえば朝廷に対する反乱が起きて京都に軍勢が攻めてくるというときまで、密教の祈禱や呪文によって攻撃を跳ね返そうとしていた。

そういう神秘的な力に頼る傾向に変化が現れたのは、鎌倉時代になって禅宗が入ってきてからである。

仏教の側では、単に経典を読んだり儀礼をしたりするだけでなく、修行をしたり坐禅を組んだりする実践が行われるようになった。また、禅宗とともに中国の儒教や道教、漢詩文なども伝来したために、中国の先端の学問を学ぶ風潮も広がるようになった。

それと同時に、貴族以外の武士や民衆の知性の底上げも進んだのである。

とくに武士については、鎌倉時代の初めには有力な御家人であっても自分の名前すら書けない、あるいは御家人が財産を相続するために遺言状を書く際に漢字が書けず、ひらがなで書く（これは古文書を見ると鎌倉時代を通じてのことであるのがわかる）といったレベルにあった。やはり文書というのは、自分で書いてこそ証拠能力が高くなるわけだから、何とかひらがなで遺言状を書き記したのである。

そういう武士たちが、禅宗の伝来などを契機にして学問を身に付けるようになったのは大きな変化であった。武士たちはお寺に行って僧侶に教えを請い、文書を読んだり漢字を書いたりする手習いをしたわけだが、そうやって学問に親しむことで、武士階層にも合理主義的な考え方が浸透することになる。

一四六七年から十一年にわたって繰り広げられた応仁の乱のころ、主人である越前の守護大名の斯波《しば》氏を追い払い、同国をわがものにした朝倉敏景《としかげ》（孝景《たかかげ》とも）は十七か条からなる置き文、すなわち家訓を残している。後に信長と戦う朝倉氏の初代であり、いわば戦国大名の走りとも言える武将である。

この置き文を読むと、朝倉敏景が合理的な思考を身に付けていたことがわかる。たとえば、合戦や城攻めの際に、どちらの方角に兵を出したらいいかとか、その日のお日柄とか吉凶を占っていたら勝機を逃すと説いている。

そういう理性的な思考、合理主義が広がっていたとすれば、仏の導きのような密教の摩訶不思議な儀礼や考え方は、しだいに受け入れられなくなっていったにちがいない。仏教に頼らなくても、自分の知性で判断することができるからだ。

もしそうであれば、信長が比叡山を焼き討ちにして叩き潰さなくても、いずれは何らかの形で骨抜きになり、勢力は衰えざるをえなかったと推測できる。

四千人もの僧侶を殺戮し、仏教寺院や芸術を壊滅させたことは筆舌に尽くしがたい残虐な行為だが、一方で、信長の比叡山焼き討ちは多くの武士や一般民衆の合理主義への傾倒が体現された歴史的出来事であったと見ることができるのである。

信長の敵は誰か

信長と宗教を考えるときに、もうひとつ忘れてならないのは、信長がいったい誰を一番の敵としていたかという点である。

多くの歴史好きの方たちは、武田信玄や上杉謙信の名前を挙げるかもしれない。あるいは、浅井氏や朝倉氏を挙げる人もいるだろう。さらには最後の将軍である足利義昭がライバルだったという人もいると思う。

歴史研究者でも、信長を普通の戦国大名だったと低く評価する人たちは、やはり武田や上杉、浅井・朝倉が敵であったという。さらに、戦国大名の一段上に足利将軍家がいたと主張するかもしれない。

しかし、私はそうは考えていない。信長が執念を持って戦い続けたのは、一向宗である。一向宗は親鸞《しんらん》が開いた浄土真宗の別名である。一向というのは、「ひたすらに」という意味であり、ただひたすらに阿弥陀仏の名を唱えるということで、他の宗派が浄土真宗をこう呼んだものだ。浄土真宗の側ではこの呼称をこころよくは思っていないので、正式に使うことはない。

一向宗は、戦国時代には大坂に石山本願寺という強固な城郭ともいうべき本拠地を持っていた。

安土城を拠点としていた信長は、石山本願寺を攻め落とした後、当の石山の地に移って拠点とするつもりであり、それに向けて準備が進められていたため、豊臣秀吉は天下を取った後すぐに同地に大坂城を造ることができたのではないかと考える歴史研究者は多く、私も同じ意見である。

宗教の本山とはいえ、石山本願寺はそれほど堅固な城郭となっており、信長が落とすのに苦労した相手だったのだ。

一向宗は、他の宗教とどのように違うのか。

まず、妻帯が認められているため、姻戚関係を利用することができた。一向宗では親鸞の子孫が歴代のトップの座に就いている。八代門主《もんしゅ》の蓮如《れんによ》の時代には門徒数が激増し、非常に大きな勢力になった。十一代の顕如《けんによ》は貴族である三条家から妻を娶《めと》ったため、武田信玄と妻同士が姉妹という関係になっていた。

こうして大きな権力を持った本願寺門主を戦国大名と同列に考えていいのかと言うと、私はやはり一定の違いがあると考えるべきだと思っている。

どこが違うかというと、一番大きな点は仏の下での平等を、明確ではないにせよ意識していたことだ。

一向宗の門徒の多くは農民であり、農民を組織したところに一向宗の特徴があるわけだが、一揆を起こすときに農民が個別に参加したのではなく、惣村と呼ばれた村落共同体が構造をそのままに参加していたのである。つまり、いくつもの村落共同体が、丸ごと一向一揆の軍勢として戦ったという状況が見て取れる。

なぜ、惣村が力を持ったのか

村落共同体の構成員は全く平等というわけではなく、ざっくりとした階層があった。一番上に位置するのが半分侍、半分農民という地主たちで、土地の権利を持つとともに村落共同体のリーダーとして活動していた。

後に秀吉が兵農分離を行う際、侍になるか農民になるかという選択を迫ったのがこうした階層の人たちである。

侍になるのであれば、城下町に移住することを命じられた。もし自分が奉公する大名が国替えになったら、もといた村落とは完全に無縁な存在となるわけだ。また、農民になることを選択したら、村落のリーダーたる名主になった。名主は東国では「なぬし」、西国では「みょうしゅ」と読みが異なった。場合によっては名字帯刀を許されるなど特別待遇を受け、村落共同体をまとめる指導者として働いたのである。

応仁の乱（一四六七~七八年）のころ、足軽として京都周辺を荒らしまわった輩《ともがら》はこうした半分侍半分農民たちであったというのが、研究者たちの一応の結論である。だから、面白いことに足軽が盛んに活動していたころ、土一揆はあまり起きていない。足軽として荒らしまわるのに忙しくて、土一揆を起こしている余裕がなかったものと思われる。

惣村で半分侍半分農民である地主の下にいたのが、本百姓・脇百姓である。学問的には自立小農とか、作人《さくにん》と呼ばれている。実際に土地を耕して作物を栽培し、耕作で得た収入のなかから税を払う自立した農民であり、本百姓よりも耕作規模が小さいのを脇百姓と考えればいいだろう。

本百姓・脇百姓ともに、村落共同体の正式な構成員であった。地域によっては、惣村の中心に神社などの宗教施設が造られていたが、その社殿に上がって座を占めることが許されていた者たちである。

本百姓・脇百姓の下にいるのが、下人《げにん》である。この階層の人たちは自立していないため、社に上がることを許されず、座を設けてもらえない。自立小農は次年度に使う種籾《たねもみ》を保存し、自力で耕作ができる存在だが、下人は収穫量が少ないためにすべて食べてしまい、種籾を次年度に回す余裕がなかった。

だから、地主や本百姓・脇百姓から種籾を借りて次年度の耕作を行うことになる。その結果、人格的にも地主以下に隷属せざるをえなくなり、農奴となるケースも出てくる。

このように、惣村は地主であるリーダー層と自立した農民層、それに下人層という三つの階層から成っていた。こうした階層は細分化することなく、横に連なっていく。隣り村との間で地主は地主と、本百姓は本百姓と手を結ぶ。そして、惣村が集まって惣郷《そうごう》を形成したり、惣郷が集まって惣国《そうこく》が成立したりすることもある（図1－1）。

縦に細分化されることなく横に連なっていくのが、村落共同体の人間関係あるいは生産構造の特徴であった。

こうした惣村が非常に大きな力を持ったのは、この時代に農業技術の進歩によって生産力が一気に高くなったからだ。畿内の先進地域の場合、戦国時代は平安時代末期から鎌倉

図1-1 惣村の構造

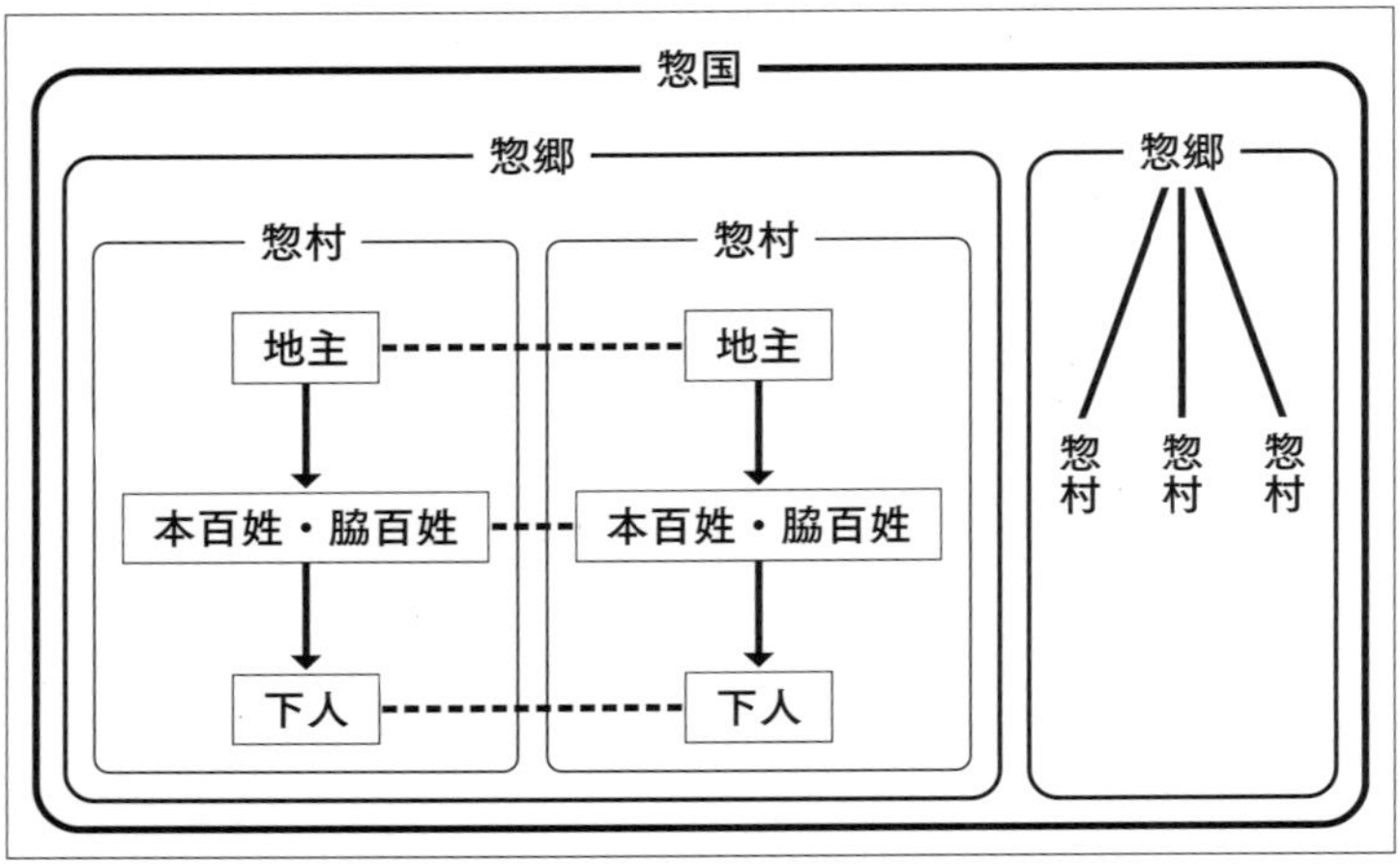

時代初頭にかけた時期に比べて、収穫が三倍程度に増えており、十倍に激増した場所もある。生産力が上がると、領主に上納する税額は以前のままにして、自分の土地に富を留保したいという願望が強まり、惣村自体が力を持っていくことになる。

こうした在地の富を奪おうとしたのが、土地の領主として農民と対峙した戦国時代の武士の勢力であり、対立関係が生まれてくるわけだが、そこにマッチした形で村落に浸透していったのが、一向宗であった。

一向宗の門徒たちが一揆に立ち上がるモチベーションはどこにあったのか。

もう一度説明すると、当時は米や農産物の生産力が一気に向上したため、加地子得分《かじしとくぶん》が格段に増えた時期である。生産高を記した帳面上の年貢は変わらないので、収穫量が増えると年貢を超えた利益が出てくる。その加地子を誰が取るかを争ったのが戦国時代だと主張する研究者もいるぐらいで、重要な事項になっている。

この加地子を自分たちでプールしたいというのが惣村の意志であり、自分たちの生活を維持し、よりよい暮らしをするために戦ったのである。そして、そういう行動をオーソライズしたのが、「南無阿弥陀仏」すなわち一向宗であった。敵と戦って死んだら浄土に行けるというのが彼らの合言葉であり、武器は貧弱でも生活がかかっているので、戦意が旺盛で強かったと思われる。

高野山の生産構造

大学学部の卒論で私がテーマにしたのが、高野山における生産構造の分析であった。結論から言うと、高野山の場合も一番上に地主がいて、その下に作人、一番下に下人がいるという三層構造になっていた。

しかも、彼らの耕作関係は一対一の対応にはなっていない。たとえば、地主と作人なら、

図1-2 高野山の生産構造

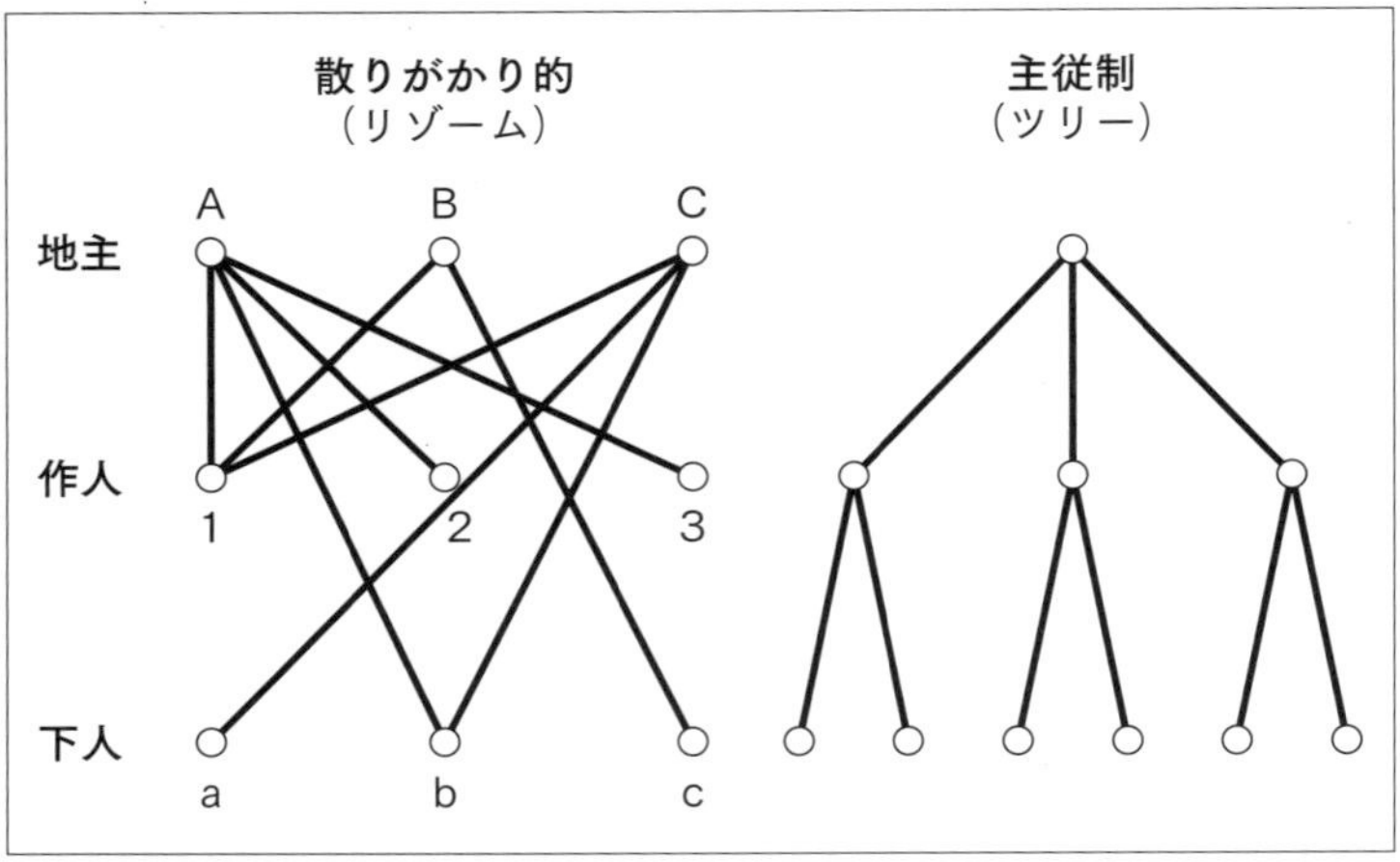

地主Aは作人1、作人2、作人3とも土地を介した生産力の関係性を持っている。下人bとも関係をむすぶ。一方、作人1を見ると地主Aだけでなく、地主B、地主Cとも生産力の関係性を持っていることがわかった。さらには、地主Cと下人a、下人bが直接関係性を持っている場合もある（図1‐2参照）。このように整理されずに、さまざまな関わりを持っている関係性を「散りがかり的」と呼ぶ。

主従制というのは、ひとりの主人が複数の家来を持つ。その家来がまた複数の家来を持つから、ピラミッドができる。この主従制ピラミッドの特徴は、家来が複数の主人を持たないところにある。これに対し、散りがかり的関係は下の人間が複数の上の人間と関わりを持つところに特徴がある。

主従制が縦の関係であるのに比べて、散りがかり的関係は横につながっていくものであり、誰かひとりがトップに立つことができない。地主が惣村を越えて横につながり、作人も同様に惣村を越えて横につながるわけで、これは当時の用語で「かみなし」と言い、構造主義の用語で言えばツリー構造ではなく「リゾーム」構造に当たる。

このような生産構造が高野山にもあり、おそらく仏の前での平等という考え方とは非常に相性がよかったにちがいない。

仏教の僧侶集団のことを僧伽《そうぎゃ》、サンスクリット語でサンガと言うが、空海は「一味和合」のことだと述べている。僧侶集団は皆で仲良くして研鑽を積むべしというのが空海の考えであった。空海の書のなかには平等という言葉は使われていないが、この僧伽に平等の精神を見て取っていいのではないか。

高野山の荘園において地主となる僧侶は、守護大名の任国では在地領主になるような半分武士半分農民の地主たちである。長男が家を継ぎ、次男や三男が出家して高野山に上るわけだ。小領主の子弟たちが僧侶となり、高野山に上って小集会衆《しょうしゅうえしゅう》という集団を形成し、現実の権力を握るようになった。

この小集会衆を構成する八つの院家（高野山内にあり、高野山に属する小寺院）のひとつが、高野山の蓮上院《れんじょういん》である。蓮上院の担い手は丹生谷家《にうのや》で、その子孫の方に会って話を聞いたことがある。

丹生谷家は紀州（和歌山県）名手荘《なてのしょう》の地侍で、その地域では筆頭の名家だ。ルーツは清和天皇の血を引く大和源氏で、江戸時代には紀州藩に仕えなかったが、名字帯刀を許された地侍であった。名手という土地は世界に先がけて麻酔を実用化した華岡青洲《はなおかせいしゅう》（一七六〇〜一八三五）が活動したところだが、夫に自らを実験台とすることを申し出た妻の加恵がこの家の出身である。今も名手本陣という建物が残っているが、この建物は参勤交代で江戸に向かう紀州藩主が一泊目に泊まる宿所になっていた。

一向宗と一神教の共通点

一向宗は、繰り返しになるが、他の宗教と違って仏の前での平等を強く意識するところに特徴がある。

南無阿弥陀仏と唱えさえすれば、お金を持っているかいないか、学識を有しているか否か、修行に耐える精神力があるかないか、生まれ育ちがよいか悪いかといったことをすべて抜きにして救われ、極楽に往生できるという教えである。

この阿弥陀仏の信仰は、一神教に近いところがある。

キリスト教の布教のために来日した宣教師のレポートを読むと、キリスト教にとって悪魔の教えは禅宗だと説いている。禅宗は「無」を強調する。私たち日本人は無に深遠な思想性を見出すが、宣教師たちからすれば、無とはゼロであり、ニヒリズム以外の何物でもなかった。このため、宣教師たちは悪魔の教えだと認識して嫌悪したのである。

これに対して、キリスト教にとって商売敵《がたき》になるのが一向宗だと書かれている。神を信じて善行を重ね、天国に行きなさいというのがキリスト教の教えだが、それは南無阿弥陀仏と唱えて極楽浄土に行きなさいという一向宗の教えに似ている。

だから、信長が亡くなった後、豊臣秀吉や徳川家康がキリスト教を弾圧したのは理解できる。世俗の王である将軍とは別に、キリストに対して忠誠を誓うよう求める教えを許容できなかったにちがいない。このため、徹底的な弾圧によって排除したのである。

誰もが阿弥陀仏の前では平等であるというのが一向宗の理念であるから、横につながっていく村落共同体とは非常に相性がいい。

たとえば、室町時代中期に一向宗の勢力を広げた蓮如は、惣村のリーダーを教えに引き込むことを教宣の軸に据えた。リーダー層を引き込むことに成功したら、それは村落共同体を丸ごと引き込んだことに等しかったからだ。この蓮如の教えにしたがって、一向一揆は惣村のリーダーたちを取り込むことで広がっていった。

これに対して、信長を含めた武士の勢力は限りなく縦に細分化される特徴を持っていた。主人が家来を召し抱えると、その家来がまた家来を召し抱えるという形で、主従関係が縦に連なり、その縦の関係を基本として権力が形成されていた。これが、戦国大名のもとでの人と人のつながりであったと考えられる。

そうだとすれば、信長にしてみると、一向宗の勢力は自分たちとは全く理念も質も違う存在であったにちがいない。その結果、必然的にぶつからざるをえず、戦いや虐殺が引き起こされることになったというのが私の仮説である。

日本の歴史ではそれまで、大規模な虐殺はほとんど行われてこなかった。その理由のひとつは、やはり多神教の穏やかな世界、悪く言えばつきつめない、いい加減な文化だったからだと思う。

一神教の世界であれば、神に従うか否か、イエスかノーかを迫られるわけだが、多神教の世界ではその選択を迫られない。そもそも神がたくさんいるのだから争いは起きにくいし、争いが起きても、白か黒か決着を付けずにグレーのままにする（白の神さまと黒の神さまを仲立ちするグレーの神さまがちゃんといてくれた）のが大人の知恵とされた。そうした一神教的価値観と多神教的価値観が歴史に与える影響は小さくないと思うが、それは置いておく。

こうした一向宗の勢力は、仏の前の平等を旨としていても、ある種の権力志向はあったと考えられる。実際、加賀国では、守護大名の富樫《とがし》氏が一向一揆に攻め滅ぼされている。その結果、加賀は「仏の持ちたる国」、つまり仏が直接に統治する国として全国にアピールされたが、一向宗の門徒たちがひたすら清らかな気持ちから平等な社会を築こうとしていたとは考えにくい。そこにはやはり世俗的な権力への指向性は存在しただろう。

その一方で、一向宗の門徒が治めた加賀を単なる戦国大名とカウントする説にも賛同しかねる。確かに、本願寺の門主に近い人が派遣されて世俗的な城主と似たような行動を取ってはいた。しかし、信長が一向宗を一戦国大名と捉えていたのであれば、あそこまでの虐殺を行う必要はなかったはずである。

信長はなぜ一向宗を敵視したのか

繰り返すが、近代以前の日本の歴史において大虐殺と呼ばれるような出来事はほとんど起きていない。そのなかで、唯一の例外が信長の一向宗に対する攻撃である。一五七〇年から七四年にかけての伊勢長島の戦いで約二万人、一五七五年の越前の戦いで約一万二千人の一向宗の門徒が殺害された。

大虐殺がなぜ起きたか。その理由を考えるとき、単に信長の残虐性が発揮されたというだけではなく、双方の理念の違いが浮かび上がる。信長は、自分たち武士とは全く違う原理で一向宗の勢力が動いていることを感じ取り、その芽が育つのをそのままにしておくわけにはいかないと考えたのではないだろうか。

もちろん激しい戦いを重ねるなかで、信長側にも大きな損害が出ているわけで、その復讐の念がなかったとは言えない。敵の味方は、敵だとして多くの民を攻撃したこともあるだろう。

しかし、大量の人間を虐殺するには、やはりそれだけの理念や思想が必要だということは、世界史を見ているとわかる（たとえ、それがどんなに誤ったものだとしても）。その意味で言えば、少数の人間を殺すのであれば情念や怨念が理由になるが、二万人を殺すにはやはり何らかの目的意識があると見るべきだと私は考えている。

では、その理念とは何だったのか。

信長は武士という縦社会のチャンピオンであった。一方の一向宗は横社会を象徴しており、言葉を換えて言うならば、未成熟ではあっても平等を志向する存在であった。そうであるとすれば、信長は平等な社会を嫌ったということになる。だからこそ一向一揆と激しく対立し、単に打ち負かすだけでなく虐殺という手段に打って出て、一向宗の勢力を根こそぎ壊滅することを目指したのだと考えられる。

この一連の流れを歴史の大局から見るならば、「人々は平等よりも平和を選んだ」と言い換えられるのではないか。

戦国時代から江戸時代へと転換するに当たって、人々の心中にあったのは「もう争いはたくさんだ。殺し合いは嫌だ」という意識であった。そういう意識が広範に及んでいたため、その意を汲んだ形で信長や秀吉らが平和な世の中に向けて行動し、その行動に人々が付いていったと私は考えている。もちろん、これは信長や秀吉が直接民衆の訴えを聞き入れたということではない。

人々が願ったのは、国がひとつにまとまることで戦乱が終息し、平和な世の中が到来することだった。だから、江戸時代は何よりも平和を尊ぶ時代となった。その時に打ち捨てられたのが平等の概念であった。平等は一時「棚上げ」されたかたちになったのだ。

信長は平和の実現、すなわち戦乱の世の中を終わらせるために行動した。その目的にとって平等の価値観を目指す一向宗は邪魔だったために、一向一揆との熾烈な争いを繰り広げた。

では、一向宗の虐殺は信長のパーソナリティがもたらした出来事なのだろうか。私はそれだけではないと考える。

たとえ信長がやらなくても、戦国大名たちが国をまとめていく過程で一向宗の持つ意味に気づき、誰かがその力を殺《そ》いだにちがいない。とくに家康の場合は知恵袋だった本多正《ほんだまさ》信《のぶ》ら家臣が一向一揆側に走ったため、死ぬほどの苦しみを味わっている。信長だから、あそこまで激しく残酷に振る舞った側面はあるが、宗教の骨抜きというのは戦国大名たちにとって喫緊の課題だったのではないだろうか。

これまで見てきたように、信長は密教に代表される呪術的な世界を壊しただけでなく、平等を理念とする横社会をもたらす可能性を有する一向宗を叩き潰した。

その結果、どのような風景が現れたかというと、私は東京谷中《やなか》の寺町を思い浮かべる。谷中には何十もの寺が密集していて観光名所にもなっているが、真言宗、天台宗、日蓮宗、臨済宗や曹洞宗などさまざまな宗派の寺院が軒を並べて混在している。これは宗派の対立がないといえば聞こえはよいが、ある意味で仏教各宗派が牙を抜かれた姿だ。

江戸時代になると、仏教の諸宗派はどこも日頃は檀家の人たちの把握と名簿作成を進め、民を支配する下部組織となった。時として農民に臨む姿勢が高圧的と受けとられ、それは明治初年の廃仏毀釈《きしやく》の嵐へとなっていく。また宗教的には、檀家が亡くなると葬式を執り行う、今日につながるいわゆる葬式仏教となっていくわけだが、その端緒を開いたのが信長だった。

信長は宗教に寛容だったか

信長が普通の戦国大名だと考える研究者たちのなかには、「信長は必ずしも一向宗を含めた宗教を嫌っていたわけではない」として信長の寛容な側面を強調する人がいる。

その根拠として出されるのが、安土城下で日蓮宗（法華宗）と浄土宗の僧侶同士が宗論を戦わせた安土宗論（一五七九年）である。浄土宗の僧霊誉《れいよ》が安土城下にて法談を行った際に、日蓮宗の宗徒たちがこれに議論をしかけた。それに対して、浄土宗側も高僧を呼び寄せるなど、一時は信長が調停しようとしたが、日蓮宗側は聞かず、ついに宗論が行われることになった。信長の選んだ審判者が、議論を聞いて教義の優劣を判定した。

結果的に、このときの論争で勝ったのは浄土宗側であった。しかし、日蓮宗側は今に至るまで敗北を認めず、あれは「出来レース」で自分たちは罠にはめられたという趣旨のことを主張している。

法然が開いた浄土宗と一向宗は非常に近く、いずれも南無阿弥陀仏と唱えれば極楽往生できると説いている。この点のみに着目して「信長は阿弥陀仏を毛嫌いしていない」と主張する研究者がいるが、私は異なる意見を持っている。

問題とすべきは好き嫌いではなく、構造である。信長が一向宗を見過ごせなかったのは、これまで述べてきたように生産構造と密接に結びついて社会的な勢力として拡大していたからで、単に教えを説く宗教に止《とど》まっていれば、信長はおそらく放任していただろう。そうであれば、日蓮宗側が主張するように、仮に信長が浄土宗側を贔屓《ひいき》したとしても矛盾することにはならない。

また、信長が寺を建立したり神社を庇護《ひご》したりした事例を並べて、やはり「信長は宗教に対して寛容だった」と主張する人がいるが、これも同じ理由で間違いだと私は考えている。社会構造に関わらなければ、信長はあえて攻撃する必要がなかっただけである。

さらに信長はルイス・フロイスら宣教師を庇護したとして、キリスト教に親和的な態度を取ったとも言われているが、これは本当に宗教に寛容だったと捉えてよいだろうか。

結論から言うと、信長がキリスト教に親和的な態度を取ったのは、彼らすなわち南蛮勢力との貿易による利益を重視したからだと考えられる。その根拠となるような数字はなかなか出てこないが、ふたつのことが手がかりになるのではないか。

ひとつの手がかりは、大友宗麟《おおともそうりん》の事例である。

宗麟は布教のために来日していたイエズス会の宣教師であるフランシスコ・ザビエルと直接に会見して、キリスト教の庇護者になっている。そして、スペインやポルトガルとの貿易を大々的に行って利益を上げた。当時、博多は大陸との交易において日本の玄関口だったが、豊後府内《ぶんごふない》は南蛮貿易において一番の玄関口であったという研究者がいる。

宗麟は一時、九州のうち六か国を支配するまでに勢力を拡大したが、第三章でも述べるように、その背景には南蛮貿易が生み出す莫大な利益があったと考えられる。

こうした大友宗麟のケースを見るかぎり、信長が堺で行った南蛮貿易の利益も莫大であり、信長が自らはキリスト教徒にならなかったにもかかわらず、キリスト教を庇護する親和的な政策を取ったのは、経済的な理由が大きいと考えるのが自然だと思う。

宗麟もキリスト教には理解を示したが、なかなかキリスト教徒にはならなかった。その理由として、宗麟は悪妻として有名な奈多《なた》夫人と離婚したかったため、離婚を認めないキリスト教徒にならなかったという説がある。この説によれば、奈多夫人との離婚が成立して晴れてキリスト教徒になったということになるが、それは与太話の類《たぐい》だろう。宗麟の関心は主として貿易の利に向いていたのであって、自身がキリスト教を受け入れるのには相当なためらいがあったと見るべきである。

もうひとつの手がかりは、火薬を作るために必要な硝石《しょうせき》である。

火薬はよく知られるように、木炭と硫黄《いおう》、それに硝石の三つを混合して製造される。木炭と硫黄は日本国内に豊富にあるが、硝石は国内では産出しない。だから、輸入に頼らざるをえなかった。ということは、南蛮貿易を独占することは、日本において硝石を独占することにもつながっていくわけだ。

そう考えると、信長は鉄砲を用いての自らの軍事的な優位を確実にするために、貿易を推し進める必要があったにちがいない。そのために、ヨーロッパの商人や宣教師らに対して親和的な態度を取らざるを得なかったのではないか。

このドライな関係をふまえるなら、一神教であるキリスト教と世の権力とがぶつかる可能性は常に内在していたと見るべきだろう。ヨーロッパではしばしば国王と教皇が対立し、世俗権力と聖なる権力は衝突が避けられなかった。一方、日本の歴史では聖なる力と俗なる力は不即不離の関係にあり、同じベクトルで進むのが常であったが、キリスト教の伝来によって聖俗の力関係が変容を迫られたのである。

キリスト教にも「皇帝のものは皇帝に、神のものは神に返しなさい」といういわば大人の知恵はあったが、王と神のどちらに忠誠を誓うかという二者択一の選択を迫られたとき、高山右近《たかやまうこん》のように「神に忠誠を誓う」という武将が出てくるのを、権力者は容認するわけにはいかない。

したがって、キリスト教はいつか天下人とぶつかる危険性を秘めていた。

実際に、秀吉はバテレン追放令を出している。秀吉の時点では、「キリスト教を捨てた」と自己申告するだけで許されたが、江戸幕府になると自己申告では済まされず、信者に対する過酷な弾圧が行われることになった。

もし信長が本能寺の変で倒れず、長生きをしたら、やがてはキリスト教と対立していった可能性は十分にあったと思う。それは信長というひとりの人間の好悪の問題ではなく、日本という国の成り立ちから歴史を考えていったときに、必然的に出てくる歴史の流れだったと言えるだろう。

神になろうとした信長

一方、信長は自ら「神」になろうとしていたとする説がある。

その根拠のひとつは、晩年の言動である。信長は安土城内の摠見寺《そうけんじ》に御神体として「盆山《ぼんさん》」と呼ばれる石を置き、その石を拝むと具体的にどういう効能があるかを並べ立てたうえで、「これを自分だと思って崇《あが》めよ」と命じたと、宣教師フロイスは書いている。

このことから、信長は天皇を超越した「神」になろうとしていた、と最初に指摘したのは京都大学名誉教授の朝尾直弘《あさおなおひろ》先生だったが、私はこの視点を非常に重要だと考えている。

ところが、歴史学界には「信長が天皇を超えようとすることはありえない」と、何となくこの説をまともに取り上げない風潮がある。しかし、学問的にある主張が示されたなら、それに対して正面から批判検討を加えるのが筋だと思う。もちろん、否定であっても構わないが、その論拠をきちんと示すべきだろう。

信長の言動で言えば、信長が神になろうとしていたことをどう捉えるのか。あるいは、その史実をもとに信長は天皇をも否定しようとしていたとする朝尾説をどう捉えるのかという点について、歴史学者はきちんと考える必要がある。

私の見解を述べると、その足跡をたどるかぎり、信長は非常に合理的な考え方をする人物であることが窺《うかが》える。神がかった行為などほとんどしなかった信長が、晩年になって「石を自分だと思って拝め」と言ったのは、ある種の皮肉ではなかったか。

そう考えると、信長は自分が絶対者であることを周囲の者たちに強烈にアピールするために、そういう言動をしたのではないか。そうだとすれば、信長がやがて一神教のキリスト教を否定したり、天皇の絶対性を否定したりすることは十分ありうることだ。

安土城については、発掘によって新たな事実が明らかになっている。たとえば、安土城の本丸には天皇の住居である京都御所の清涼殿と同じ平面プランをもつ御殿があったことがわかった。これは、信長が本丸に天皇を迎えようと考えていたことを意味している。

後の大名たちは居住性の悪い天守閣に住まなくなったが、信長は安土城の天主（守）を住居としていた。そうなると、信長が清涼殿の天皇を見下ろす格好になるわけだ。だから、信長が天皇を超えようとしていたと主張する数少ない研究者たちは、この点を自説の根拠にしている、ということを本章の最後につけ加えておく。

第二章
信長と土地

「公地公民」というフィクション

歴史的人間としての信長を考えるうえで、決定的なポイントのひとつが「一職《いっしき》支配」である。それまでの武家の権力者たちが行っていた支配関係とは異なる、新たな土地所有の考え方を意味する言葉である。

この一職支配がどのようなものか、なぜ画期的なのかは後に説明をするが、それを理解するために、まずは古代まで遡って土地所有のあり方を見ていくことにしたい。

小中学校で必ず覚えさせられる日本史の知識のひとつに、律令国家における小むずかしい田地の扱いがある。

それはすなわち、班田収授の法という法令であって、六歳になると口分田を貸し与えられる代わりに、租庸調《そようちょう》と呼ばれる三種類の税を支払う。後の税金の体系から言うと、租は年貢に当たり、年貢米と称して米で納めるものだ。庸と調はその土地の特産品のことで、後の税体系では公事《くじ》に当たり、公事銭といって銭で支払うことが多い。

この制度は、大化改新の詔《みことのり》（六四六年）に定められたが、実質的に戸籍が作成されたのは六七〇年のことといわれる。

口分田とは、朝廷から貸し与えられた土地ということである。律令国家においてはすべての土地は天皇のものであり、すべての民は天皇の民であるとする公地公民が大原則であり、土地の私有が一切認められていなかった。したがって、人々は天皇から貸し与えられた土地を耕して税金を支払うことになっていた。

だから、その人間が亡くなると、貸し与えられていた土地は収公される。つまり、朝廷に返却されることになる。

この政策をきちんと遂行するため、律令国家はどこにどういう人間が住んでいるかを記載する戸籍を作成し、戸籍に基づいて土地を貸し与えていたとされる。

しかし、どうだろう。はたして、そんなことが本当にできたのだろうか。この点について、私は疑問を持っている。

今の日本政府であれば、二〇一九年十月に消費税の税率を八パーセントから十パーセントに上げると決めたら、北は北海道から南は沖縄まで一律に実施することができるし、土地やマンションを購入すれば登記簿に記載され、税金を徴収される。そういう緻密な徴税の仕組みができあがっている。

こうした仕組みを実際に動かすためには、膨大な実務をこなす役人と官僚的なシステムが不可欠だ。その事務作業の煩雑さを考えたとき、同じことがはたして古代の律令国家にできたのか、疑問を持たざるをえない。

よく指摘されるのが、たとえば延喜二年（九〇二年）に作成された阿波国（現在の徳島県）戸籍など、古い戸籍を見たときに女性や高齢者の比率が異様に高いという特徴だ。もし男性の名前が記載されていると、年貢を多く取られるだけでなく、労役や兵役を課されることが目に見えている。だから、女性や高齢者の名前を挙げて税を払わずに済むようにするという小細工を行っていたと考えられる。

そういう税逃れの小細工が行われ、見逃されていたということは、そうした「脱税」を取り締まるだけの強制力が当時の律令国家にはなかったということだ。それはすなわち、そもそも田んぼを貸し与えるという班田収受の法自体がフィクション、つまり机上の空論だったからではないだろうか。よくできたしくみであり、律令に定められてはいるが、実際に行われていなかった疑いがあるのだ。

単純に考えて、人は自分の所有地にならないものを、一生懸命に開墾したり収穫量を上げる努力をするだろうか。自分が死んだ後、全部が取り上げられてしまうとわかっているのに、農作業を続け、新しい田を開墾しようというモチベーションが保てるとはとても思えない。

税金がきちんと支払われないと朝廷の財政も厳しくなり、路線変更を余儀なくされたにちがいない。実際に財政が困窮したため、律令国家は新しく開墾した土地については私有を許可するという墾田永年私財法を七四三年に出している。これは、公地公民の大原則をぶち壊すような法令であった。

つまり、公地公民というビジョンはつくられたものの、それらは所詮、絵に描いた餅であり、壮大なフィクションにすぎなかったのではないだろうか。

開発領主とは何か

公地公民が機能しないことがわかったとき、出てきたのが荘園制だ。荘園というのは、大雑把に言うと半分ぐらい私有が認められる土地のことだ。

荘園を理解する際のキーパーソンは、開発領主であり、在地領主である。

そもそも、耕作に適した自然の土地というのは限られている。平地で土質が良く水も確保できるような条件の優れた場所は、早々に誰かが確保して、そこですでに農業を行っている。新規参入者は残りの広大な荒地を開墾して農地にするしかないわけだが、木を切って土を耕して水を引くといった作業には当然手間がかかり、財力が必要となる。

そこで、開発領主は自分の財産によって未開発の土地を開墾することを提案するわけだ。持ちかける相手は国衙《こくが》、今で言う県庁である。

そして、開発領主と国衙の役人との間で話し合いが行われ、「この土地を開墾したら、これから×年間、税金の×割を免除する」などといった開発の条件が定められる。朝廷からの指示があるわけではないので、開発の条件はあくまで開発領主と国衙の役人との個別の交渉に委ねられる。

ここで、国衙についても説明しておきたい。国衙を司《つかさど》る地方官のトップを国司と言う。国司には四等官《しとうかん》と言って、律令に定められた四つの階級があった。一番上が守《かみ》、二番目が介《すけ》、三番目が掾《じょう》、四番目が目《さかん》である。武蔵《むさし》国であれば、武蔵守、武蔵介、武蔵掾、武蔵目ということになる。

国司は京都の朝廷から任命されて任地の国衙に赴任し、四年の任期を務め上げるとまた朝廷に戻って出世を狙う。しかし、介や掾という位では京都に戻っても大した出世が見込めないので、任地に下向して人脈を築き、そのまま開発領主として土着する者もいる。土着した元国司は新しく着任してきた国司と話し合い、土地の開発に取り組むわけだ。

こうした開発領主は私的に田んぼを営むので、私営田《しえいでん》領主と呼ぶこともある。よく知られているのが、平将門《まさかど》ら平家一門である。平家の人たちは地方官として関東に赴任し、土着して私営田をどんどん開発していった。平家の一族で広大な土地を支配するようになり、その一族の間で起きた争いが平将門の乱（九三五〜九四〇年頃）に発展していった。

武士の誕生

開発領主は自分の切り拓いた土地に特権を持つが、その特権を子孫に譲ったとき、その開発領主の子孫を在地領主と呼ぶ。そして、在地領主こそが武士になっていったのである。

当時は国衙による地方統治は、現代のようにきちんと整合的に行われたわけでは全くなかった。だから、地域の治安が守られることもほとんど期待できなかった。つまり、自分たちの財産が奪われそうになったときに、誰も守ってくれる人、助けてくれる人がいない状況だったのだ。いわゆる弱肉強食の状態である。

私たちは自分の財産が脅《おびや》かされたとき、県の警察に訴えたり、県庁に相談に行ったりできる。あるいは、裁判所に訴えることもできる。ところが、当時の在地領主や私営田領主は、国衙に相談に行ってもまるで意味がなかった。なぜなら、在地領主や私営田領主が開発した土地を収公しようと狙っているのは、当の国衙であることが多かったからだ。

また、在地領主の隣りにも在地領主がおり、私営田領主も一族で分散して領地で農業を営んでいる。そういった近隣の在地領主や私営田領主が「あそこは作物がよく育つからオレのものにしたい」「あそこは水場がいいから奪ってしまおう」といった理由から侵略してくることは日常茶飯事であった。

このため、他の在地領主や私営田領主からの侵略を撃退し、自分たちの土地を守るために彼らは武装するようになる。これが武士の誕生である。在地領主や私営田領主が自衛のため、すなわち自分の財産を守るために武士になっていったのだ。まさに自力救済を目的として、武士は生まれたのである。

では、具体的にはどういう武装をしたのだろうか。ひとつは、馬を乗りこなすことだ。馬に乗って移動し、戦うので、馬の扱いに長《た》けるように訓練を重ねた。もうひとつは、弓矢の技能である。当時、一番効果的に相手を倒す武器は弓矢であった。

つまり、馬に乗って弓を扱うのが武士の基本になった。馬を乗りこなすのも、弓矢を扱うのも相当な訓練が必要なので、子どものころから扱い方を習い、一人前の武士になっていったのである。

時代が下がって鎌倉時代になると、一番いい武士は弓の腕前が確かな武士であり、二番目にいい武士は大力《だいりき》の武士であった。

武士が戦うときは相手と一騎打ちを行うので、まず弓の勝負になる。左手を弓手《ゆんで》、右手を馬手《めて》と言い、馬を走らせながら相手を自分の左側に入れる。そうしてロックオンして、馬に乗ったまま（股でしめつけて馬を制禦《せいぎょ》するのだから、たいへんだ）矢を放って相手を射るわけだ。

弓矢で勝負が決しなかった場合、今度は「いざ組まん」と言って馬上で組み合い、力比べをする。馬から落ちると力で相手をねじ伏せ、小刀を抜いて首を切って殺すのである。武士と言うといわゆるチャンバラを思い浮かべるが、当時の戦いの主たる手段は刀による切り合いではなかったということだ。

だから、日本の武士は馬に乗って弓矢を扱う弓騎兵《きゅうきへい》であった。一方、ヨーロッパの騎士（ナイト）は馬に乗って槍を扱うランス、つまり槍騎兵《そうきへい》であり、日本の武士とは性格が異なるものであった。

荘園はなぜ生まれたか

在地領主が自分の身を自分で守るといっても、そこには限界がある。とくに政治力を有する国衙に狙われたときは、なかなか守りきれない。そういう危急のとき、在地領主は京都の有力者に助けを求め、国衙を黙らせるよう圧力をかけてもらった。

京都の有力者というのは、「○○守」より位が上の貴族、中納言や参議より上位の貴族やそれに匹敵する位の高い僧侶らだ。そういう貴族らに頼み込んで、○○守に「あそこはオレが関係している土地だ。手を出すな」と通告してもらい、国衙を黙らせるわけだ。その見返りとして、在地領主は貴族に分け前を献上する。

こうした貴族との関係は相互の間で世襲されていくが、そうすると人物によっては落ちぶれて力不足で国衙を黙らせることができない者も出てくる。

そういうときにどうするかというと、その貴族自身が在地領主から受け取る分け前を削って、自分より上の有力者にお願いをする。有力者というのは、皇族や藤原摂関家の本家、それに大寺社などだ。

京都の権勢者や現地の領主のうち、一番上にいる有力者を本家、在地領主が助けを求め

図2-1　荘園と職の体系

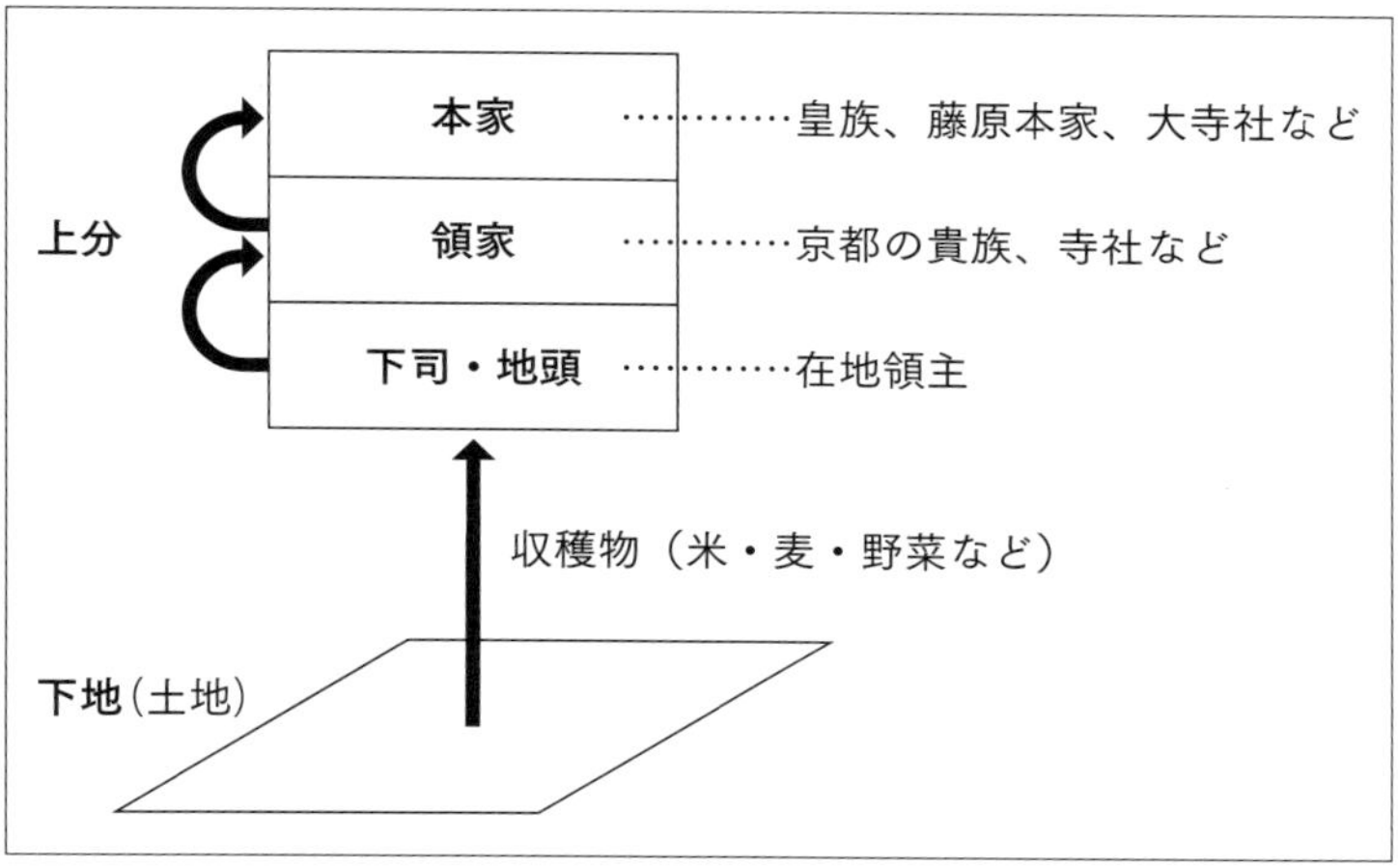

た有力者を領家と言い、本家と領家を合わせて上司《じょうし》と言う。この上司に対するものとして、在地領主を下司《げす》《げし》と呼ぶ。私たちが人を蔑《さげす》む言葉として使うゲスの語源である。

こうして生まれたのが荘園であった。その土地で生産された農産物である上分《じょうぶん》を本家と領家、それに下司の三者で分ける（厳密に言うと、下司の下にも荘園の小役人がいる）。たとえば、在地領主が領家に対して五百石の米を毎年納める。領家が本家に五百石のうちの二百石を納めると、領家の分け前は三百石になる。下司である在地領主は五百石を送れば、あとは土地から取り放題ということになる（図2-1）。

この関係は一見、在地領主に主導権がある

ように見えるが、在地領主が決められた米を納めないと本家や領家が在地領主の首をすげ替えることもあり、三者の力関係はきわめて流動的である。

では、土地は誰のものかということになるが、ここが大事なのだが、実は誰も独占的に土地を所有していいない。本家と領家、それに下司が力をあわせてつながることで、土地の所有が実現している。

だから、誰が土地の所有権を保証してくれるのかというと、誰も保証してくれない。つまり、所有がきわめて未成熟な状態にあるわけだ。

それは、子どもたちの世界でのケースに近い。たとえば、A君が持っていたキーホルダーを見て、B君が「それ、いいね」と言ったので、A君が「欲しいなら、あげるよ」と言ってB君にあげた。ところが、翌日になってA君が「弟にあげる約束をしていたのを忘れていた。悪いけど、返してくれない」と言って、B君も「じゃあしょうがないね」と返す、というようなことが日常的に成立している。子どもたちの世界では、所有権は非常にいい加減だ。

したがって、荘園が成立した時代というのは、人間でいうと子どもの時代と考えることができる。

本家の権利を本家職《ほんけしき》、領家の権利を領家職、下司の権利を下司職と言い、これら全体をまとめて職《しき》の体系と呼んでいる。それはきわめてあやふやな関係なのだ。

鎌倉幕府はなぜできたか

こうして職の体系が広がったものの、実際に在地領主が攻撃されたり侵略されたりしたとき、一族はもとより、土地や生産物をすぐに守ってくれる者はいなかった。

しかも、国司はしだいに現地に赴任しなくなっていったため、国衙には留守所《るすどころ》が形成され、国司不在のまま政治が執り行われた。その留守所のメンバー（在庁官人という）として事実上、国衙を動かしたのはやはり在地領主であった。

こうなると、在地領主どうしで「あいつは生意気だからやっつけろ」とか「あいつは強大だからみんなで叩き潰せ」といったことで血みどろの戦いになる。言ってみれば、武力が罷《まか》り通る「強い者勝ち」の世界である。『リヴァイアサン』を書いたトマス・ホッブスの言葉で言えば、「万人の万人に対する闘争」状態が実際に展開されるわけだ。

だから、在地領主は武装して侵略に対抗する一方で、国衙の留守所のメンバーになって他の在地領主の土地を奪おうと鵜《う》の目鷹の目で狙っているという状態であった。

さらに面倒なことに、院政期になると国衙のトップだった国司の上に国主《こくしゅ》という役職が新設された。国主には大納言や大臣クラスの貴族が就き、その国の税金をすべて自分の懐《ふところ》に入れるような事態になってしまった。こうなると領家ではとても太刀打ちできず、国主を黙らせようとしたら本家が動くしかなくなった。

こうして追い詰められた在地領主たちが対策を考えたとき、彼らは「オレたちの権利を守ってくれる代表者を作ればいいではないか」ということに思い至った。そこで、登場してきたのが武家の棟梁としての源頼朝であった。頼朝のもとに在地領主たちが集まり、頼朝の名前で自分たちの権利を守ってもらう関係を作ったわけだ。

これが、鎌倉幕府の成立ということになる。

したがって、頼朝が行ったことで一番重要なのが本領の安堵《あんど》である。在地領主たちに「何かトラブルがあったら、オレを頼れ。オレの名前でおまえの土地を守ってやる」と約束したわけだ。

次に重要なのが新恩給与で、在地領主が功績を上げたら公平な立場に立って新しい土地を分け与えることだ。本領安堵と新恩給与を合わせて、御恩と言う。

御恩を受ける代わりに、在地領主たちが頼朝に対して何をするかというと、これが奉公である。具体的には、戦場で戦い、頼朝のためにいのちがけで尽くすことだ。

こうして頼朝と在地領主は主従関係を結び、主人が従者に御恩を与える代わりに、従者は主人に奉公を尽くした。在地領主は頼朝の従者であるから御家人と呼ばれ、幕府から地《じ》頭職《とうしき》に任命された。

だから、在地領主は武士であり、本家や領家などの上司との関係では下司であり、主人である源頼朝との関係では地頭、あるいは御家人であるということになる。

在地領主である地頭あるいは御家人の誰かひとりが「助けて」と訴えたとき、源頼朝は他の御家人たちを引き連れて、助けを求めた御家人を救いにいくわけだ。こうして「ひとりの御家人はみんなの御家人のために。みんなの御家人はひとりの御家人のために」という関係ができあがったのである。

鎌倉幕府の理念を一言で言えば、「武士の、武士による、武士のための政治」をするところということになるだろう。

幕府が土地を与えるカラクリ

源頼朝が御家人たちと主従関係を結ぶとき、もっとも需要なのが御恩として土地を安んじ、与えることだった。土地が重要だから、封建制と言われる。

では、源頼朝はどういう形で土地を与えたのか。

土地の授与が文書の上でどう表現されているかというと、源頼朝の名前で「おまえを○○荘の地頭に任命する」と書かれている。これを地頭職と言う。

つまり、源頼朝は御家人を「地頭にしかできない」ということだ。頼朝であっても、その土地を文字通り「与える」ことはできないのである。地頭にするということはその土地の下司になることだから、当然ながら上司である本家や領家が付いてくる。だから、頼朝の文書には「地頭になった暁《あかつき》には、その土地のルールにしたがってきちんと税金を払え」とも書かれているわけだ。

源頼朝が御家人に土地を与えるといっても、役人として任命するのがせいぜいであった。頼朝の権力とはその程度のものだったとも言えるのである。

たとえば、千石の米が収穫できる土地について、頼朝が「この土地をおまえに与える」

と言ったとき、千石全部が自分のものになるかといったら、そうはならないのだ。数字はいい加減だが、京都の領家に三百石、本家に二百石、合わせて五百石を上司に納めるほか、国衙に百石を納めねばならないから、自分の取り分は四百石、といったような計算になる。

しかし、在地領主は唯々諾々と言われた通りに納めていたわけではなく、しだいに京都の上司に税を納めなくなっていく。朝廷側とすれば収入が減っていくわけだから、「幕府はいったい何をやっているのか」と怒って幕府を潰そうとしたのが、一二二一年に起きた承久の乱であった。

後鳥羽上皇が北条義時討伐の命を出したものの失敗すると、本家や領家は幕府の裁判所に訴えて争うようになった。

なかには、下地中分《したじちゅうぶん》という取り決めを用いるケースも出てきた。これは地頭と領家側が土地をふたつに分けて、それぞれが相手に干渉しないで土地や収穫物を管理するというやり方である。

多くの場合、それぞれの土地で地頭である下司と上司の取り分はさまざまであったため、幕府は「先例通りにせよ」と命じるしかなかった。しかし、あまりに地頭の力が小さいとかわいそうだということで、地頭の取り分の最低ラインを定めた新補率法《しんぽりつぽう》が承久の乱後に出されている。

この新補率法の規定をもとに、当時の地頭が今の米の値段に換算してどのくらいの収入を得ていたかを試算したことがある。そうすると、二百町歩（約二百ヘクタール）の荘園を管理する地頭（こうした規模の武士が一国に数十人いたと考えられる。逆に言うなら百人はいないだろう）で年収およそ二千万円という結果が出た。これは最低ラインだから、実際にはもっと多額の年収を得ていることになる。

土地から貨幣へ

源頼朝は御家人たちと主従関係を結んで鎌倉幕府を誕生させたが、所詮は御家人たちを地頭に任命するまでの権限しかなく、従来の上司と下司の関係に変わる新しい土地支配のルールを作ることはできなかった。つまり、朝廷を滅ぼして自分が日本の支配者になろうなどという発想は全くなかったと言える。

また、平清盛が注力したような貿易や商業にも興味を持たなかった。清盛は、日宋貿易を推し進めた。

当時の日本は西日本が中心であり、瀬戸内海では船を使った物流が盛んに行われていた。このため、清盛は博多に中国や朝鮮の船を迎えるだけでなく、瀬戸内海経由で福原の都まで航行させることを考え、現在の広島県呉市にある音戸《おんど》の瀬戸の開削や福原港（今の神戸港）の整備など、航路の開発を行った。その結果、宋や高麗の品物が日本に入ったのであった。

ところが、頼朝はそうした商業中心ではなく、関東平野に農作業を推し進める政権を作った。そこでは物品の流通ではなく、土地への注力がもっとも価値の高いものとなった。したがって、頼朝が奨励したのはいきおい質素倹約、あるいは質実剛健という価値であった。頼朝自身は京都で暮らした経験があり、そこでの優雅な暮らしも知っていただろうが、当時は草深い田舎であった鎌倉に拠点を据えた一一八〇年から亡くなるまでの間にわずか二回しか京都に行っていない。質実剛健に徹したのである。その意味では、並外れて自制心のある優れたリーダーだった。

清盛のように経済のパイを大きくして発展させるという発想はなく、できるだけ無駄を省くというのが頼朝の経済政策であった。

ところが、頼朝が亡くなった後、外国から大量の銭が流入するようになる。

西日本では日宋貿易や日元貿易が続けられていたが、当時の船には竜骨がなかった。このため、船を安定させるために重石《おもし》（バラスト）が必要であり、大量の銭を重石代わりにしたのであった。

日本から中国や朝鮮に船で行くときは、材木を重石にしていた。彼の地に持っていくと、材木はいい値段で売れた。一方、中国から日本に帰ってくるとき、何を重石にしようかということで、銭を使うようになったのだ。

日本に持ち帰った銭は「これは便利だ」ということで注目を浴び、主に銅銭が大量に入るようになった。一三世紀の第二四半期、つまり一二二六年から一二五〇年頃にかけて日本列島でも貨幣が流通するようになり、貨幣経済が定着したのである。

貨幣は全国津々浦々に浸透していき、北は青森から南は九州まで銭で買い物ができる状況になるが、その結果問題も生じることになった。

それは、武士たちが不動産ではなく、動産の価値に目覚めてしまったことだ。誰だって珍しい品物が目の前にあったら、欲しくなるのが人間の性《さが》だ。なかでも見たこともない舶来の品々は武士たちを魅了したにちがいない。

こうした品々を買おうとすれば、武士たちは貨幣を得るために土地を手放すしかない。

個々の武士（御家人）たちが農作業を営んでいる土地の総和が幕府の財産であるから、武士たちに土地を手放されてしまうと、幕府の財産は目減りすることになる。

そこで、鎌倉幕府は土地をみだりに売ってはならないという法律を出した。それでも、土地を売る御家人が後を絶たなかったため、最終的には永仁の徳政令（一二九七年）を出して、御家人以外の者に土地を売った場合、その土地は無償で取り返すことができるようにした。何とも無茶苦茶な内容だが、実はこの法は幕府が倒れるまで効力を持っていた。

幕府にしてみれば、御家人の所領を守ることで御家人からの支持を得ることができ、幕府の財産が目減りしないというメリットがある。しかし、御家人以外の武士や一般庶民は「御家人を守れば、それでいいのか」と幕府への不信や不満を募らせたわけで、幕府は彼らの支持を失うことになった。

この徳政令の発布が結局、鎌倉幕府の崩壊を招くことになったと私は考えている。

非常に狭かった室町幕府の統治範囲

室町時代になっても、武士たちの拠って立つ基盤が土地所有であることに違いはなかったが、より流通にも意を配る形で室町幕府が成立したと言える。

平安時代から西日本では流通網が少しずつ発達してきたが、やはり全国の流通の中心は京都であった。それを見据えていたから、足利尊氏は鎌倉から京都に拠点を移して、幕府を作ったのではないか。

三代将軍の足利義満の時代になると、日明貿易が始まった。このころには、船は瀬戸内海を航行して博多に出て、博多から朝鮮半島や中国大陸へと海を渡っていくようになる。つまり、瀬戸内海が経済の大動脈となったわけだ。

室町幕府が産声を上げたころ、高師直《こうのもろなお》という有力者がいて、とくに反乱軍を討伐する際に切り札的な活躍を見せていた。

高という家は実は武士ではなく文官の家（本来は高階《たかしな》を名乗っていた）であり、師直自身も実に見事な字を書き残している。しかし、文官として大人しくしておらず、武力をふるって生きたのであった。

たとえば、家来が「われわれは荘園をもらったが、これはするな、あれもするなとか、ここに税金を出せ、あそこにも税金を出せなどと言われ、うるさくて仕方ない」と訴えると、師直は「よし、わかった。うるさい偉いさんたちにはオレの方からよく言っておく。

おまえらは荘園でやりたい放題やっちまえ」などと指示したという（『太平記』）。

　また、同じく『太平記』には、次のような非常に有名な言葉も残している。

「京都の町には上皇や天皇が住んでいる。その屋敷の前を通るときには必ず馬から下りて挨拶をしなければいけないが、実に面倒くさいことだ。もしも天皇が必要があるという道理があるのであれば、金で鋳《い》るか木で作るかして、生身の天皇はどこか遠いところへでも流してしまえ」

　これは天皇の権威を軽んじた発言とされることが多いが、私は逆説として捉えている。つまり、生きている必要はないのだけれど、金で鋳るか木で作るかしても、やはり「天皇は必要だ」というのが師直の考えだったのである。

　なぜ高師直がそう考えたか、あるいは、考えざるを得なかったかというと、不動産の価値は相対的に下がったものの、在地領主である武士たちにとってはやはり土地所有が一番の命綱であり、その所有権を支えていたのが天皇を頂点とした職の体系だったからだ。

　もし職の体系を破壊してしまったら、土地所有のルールが何もなくなってしまう。だから、職の体系に寄生する武士としては木像でもいいから天皇にいてもらわないと困ると、師直ですら思っていたということだ。

この土地所有の問題は、基本的に鎌倉時代と室町時代で大差はない。室町幕府は鎌倉幕府と同じように、緩やかな形で土地支配に取り組んだ。

ただし、税の取立てについては、鎌倉幕府が一応、公平性を考えていたのに対して、室町幕府には公平性のかけらもなかった。取れるところから取るという、非常に短絡的な方針を採ったのである。

取れるところはどこかというと、京都である。京都の商人に課税をして金を巻き上げるのが一番手っ取り早いことに気づいたわけだ。地方の土地から税金を取ってくるのは手間ひまがかかり、とても面倒だ。そんなことをするぐらいなら、京都の商人たちを保護して商売で儲けさせ、税金を取る方が効率的だと考えたにちがいない。

それと同時に、幕府は支配の対象を限定する方向で地方行政に取り組んだ。その一環として行ったのが、東北地方の切り離しである。

本来は鎌倉にいた関東公方《くぼう》が政治を執り行っていたのは関東地方だけで、東北の陸奥《むつ》国と出羽国は京都の室町幕府が直接に統治していた。ところが義満の時代に、その東北地方を切り離して、関東公方の統治下に置いたのである。同じように、九州地方も幕府の統治から切り離した。

言ってみれば、室町幕府が統治するエリアを近畿地方、中部地方、中国地方、四国地方に限定したのである。そして、このエリアの守護大名を京都に呼び集めて常に住まわせた。だから、地元では城代家老のような家来（守護代と言う）が政治を執り行うことになった。

したがって、室町幕府は非常にコンパクトな政権であった。京都から税収を確保して限定されたエリアで統治を行ったが、土地所有という一番重要な問題の解決は棚上げされてしまったのであった。

戦国大名の誕生

室町時代、幕府が統治するエリアの守護大名たちは京都で生活し、幕政に参加していた。そのなかで権力を持ったのが、瀬戸内海の覇権を争っていた細川氏と山名氏であった。

その守護大名たちの主導権争いから起きたのが、一四六七年に始まった応仁の乱である。応仁の乱は細川氏のグループと山名氏のグループとの戦いであったが、細川氏は四国地方を拠点とした守護大名であり、山名氏は今の広島県など中国地方を拠点とした守護大名である。

戦いは十一年間にわたって続き、京都は戦乱で荒れ果てた。この結果、室町幕府にはもう戦いを収める力がないことが露呈してしまったわけだ。

このため、京都にいた守護大名たちは次々に任国に戻っていったが、戦国大名に成長できた者はひとりもいなかった。

では、誰が戦国大名になったかというと、室町幕府の統治から外れたエリアにいた守護大名たちである。九州にいた守護大名たちは皆、戦国大名へと成長した。広い意味での関東にいた武田氏や長尾（上杉）氏なども、戦国大名として名乗りを上げた。今川氏は中部地方の守護大名だったが、関東のお目付け役として京都に住むことを免除されていたため、戦国大名に成長することができた。

こうして戦国大名たちが各地で割拠したが、室町幕府の力が衰退して頼ることができない以上、戦国大名たちは自国の防衛と統治だけで精一杯であった。それは逆に言えば、自国の支配に専念したということを意味する。

だから、戦国大名とはどういう存在かと問われたら、自分の力で自分の国を守る権力である。それはすなわち、京都にいる足利将軍家や天皇家を頼りにしないということである。

戦国時代になると、土地所有のあり方も大きく変わった。

京都の権力と完全に切れたため、本家や領家に頼ることも、税を払うこともなくなった。京都に代わって戦国大名が自力で国を守り、領民を守ることになったわけだ。

藤木久志先生によると、越後国の戦国大名だった上杉謙信は毎年のように軍勢を連れて三国峠を越え、上野国《こうずけ》（今の群馬県）で略奪を繰り返したが、これは義のためでも何でもなく、飢えた越後の民百姓に腹いっぱい飯を食わせるためではないか、という。

これはとても面白い仮説で、私も腹を空かせて襲ってくる越後兵は強かっただろうと思うが、はたして上野国が略奪するほど豊かだったかという点については疑問が残る。

信長・秀吉の一職支配

戦国大名が自分の国を守り、領民を食わせることをしっかり考えるようになると、土地所有のあり方も大きく変わることになった。

戦国大名が武功を上げた家臣に御恩として「あの土地を与える」と言ったとき、本家や領家の権利など関係なく、その土地はまるごとその家臣のものになったのである。土地だけでなく、その土地に暮らす民百姓も、生えている木も水も魚もタヌキもその家臣のものになった。

つまり、戦国時代に入り、広く所有のあり方が成熟したのだ。それにつれて土地所有もシンプルになった。それは、土地を守るために介在した皇族や貴族、寺社の権力がもはや必要なくなったということでもある。

その土地所有のあり方が明確になるのが、信長の一職《いっしき》支配である。

たとえば、信長が柴田勝家に対して「おまえに越前をやる」と言ったら、越前国は柴田勝家のものであり、もう誰も手を出せないということになる。

一職というのは、職がひとつしかないという意味だ。つまり、本家職や領家職といったさまざまな利権が一切なく、信長が勝家に与えるひとつの職だけで完結するような支配関係である。この時点で、私たち現代人が考えるような土地所有の考え方に切り替わったと言えよう。

この一職支配はおもに信長のもとで発達し、秀吉が全国展開した。

秀吉については、一職支配の事例となる、いくつもの文書が残っている。たとえば、浅野家文書のなかには、秀吉が浅野長政（と子息の幸長）に対して「おまえに甲斐国をやる」

と作成した文書が残っている。そこには「全可領知候」と書かれているが、これは、甲斐国の土地も人間も産物もすべておまえに与えるので、「自分の力で責任を持って治めよ。もし手に余るようであれば、オレが後ろに控えているぞ」という秀吉のお墨付きである。

こうして一職支配の下で土地所有のあり方が成熟し、所有権が生まれた。始めたのは信長だが、これは信長がそれだけ偉大だったということではない。

本章で見てきたように、「土地はすべて天皇のもの」という古代のフィクションから始まった土地所有のあり方が、貴族や寺社といった勢力を含みつつ複雑化され、天皇のもとで残ってきた。そうした複雑な職の体系のからみあいは、いずれ無理をきたし、破綻するだろう。そうした複雑な権利関係がある時に一本化されることで、「所有」という概念にアウフヘーベン（止揚）したのだ。

このことは、たとえ信長が始めなくても誰かがいずれ実現したことだろう。

自由と平等はいかにして生まれたか

本章では、律令体制下で非常に不安定だった所有権が、信長の一職支配によって成熟したことを時系列にそって論証してきた。

ところで、ドイツの哲学者G・W・ヘーゲルは『法の哲学』で、次のように自由について定義している。この「〇〇」に何という言葉が入るか、しばし考えてみてほしい。

自由とは、〇〇の権利である。

答えは、「所有」。

たとえば、「このペンは私のものである」「そのペンはあなたのものである」ということを、お互いに認め合うことで所有権は成り立っている。「そのペンはあなたのものだと認める。だから、そのかわりに、このペンが私のものであることを認めてくれ」というのが「所有」であり、これは「相互の承認」から始まるというのがヘーゲルの考え方である。そうして、お互いの所有権を侵害しない関係が作られるとき初めて、自由が生まれてくる。

だから、ヘーゲルは「自由とは、所有の権利である」と述べたのだ。

このヘーゲルの考え方をベースに、もう一度、所有について考えてみると、自由とはまず、自分の身体についての所有の権利である。「この体は私のものだ。その体はあなたのものだ」とお互いに認め合う。そうすると、私もあなたも独立した人間であり、自分を所有している。決して奴隷ではないということになる。ここに、自由が生まれてくるわけだ。

これは土地についても、財産についても全く同じことだ。自由とは土地・財産についての所有の権利であり、「この土地・財産は私のものだ。その土地・財産はあなたのものだ」とお互いに認め合うことである。

つまり、お互いに所有の権利を認め合っているからこそ、所有が相互承認されて、そこに自由の空間が生まれるというのがヘーゲルの考え方なのである。

そうであれば、律令体制から戦国時代に至る間に所有権が成熟していったのは、実は日本の古代から中世へと、自由の空間がしだいに成長していった過程だったと考えることができるのではないか。私は今、そう考えるようになった。

いろいろな考え方はあるが、人間にとって一番大事なものは自由であり、平等である。だとすれば、自由と平等がどうやって生まれてきたかを、歴史を通じて明らかにしなければならないと私は考える。

このうち、自由については本章で述べたように、所有権の成熟という切り口で説明することができると考えた。平等については、第一章で述べたように、一向一揆との戦いを通じて信長によって退けられてしまった。人々は、平等よりも平和を選んだ、ということを書き記した。

そうだとすると、信長・秀吉の天下統一を経て成立した江戸時代は、ある程度の自由と平和があり、そのかわりに平等がない社会だったというのが、私の現時点での歴史の見方だ。

歴史研究者の多くが、「古代は輝いていた」あるいは「中世は暗黒だった」という先入観に基づいて歴史像を描いている。しかし、自由や平等、平和といった切り口から日本の歴史を振り返るならば、古代から中世へ、中世から近世へと時代が下るにつれて、人間がしだいに成長してきたことがわかるのである。

第三章
信長と軍事

長篠の戦いにおける「鉄砲」の意味

信長の軍事を考えるとき、機軸になるのはやはり鉄砲である。一五七五年に三河国の設《した》楽原《らがはら》で行われた長篠の戦いで、織田信長と徳川家康の連合軍が鉄砲を三段構えにすることで、戦国時代最強と言われる武田軍の騎馬隊を打ち破ったことは有名である。

長篠の戦いと鉄砲というと、三段撃ちがあったのか否か、騎馬隊が実在したのか否かなどをめぐって、歴史学界をはじめ場外乱闘も含めた論争が繰り広げられてきた。

私に言わせれば問題はそこにはない。設楽原でどのような戦いが繰り広げられたか、事実が明らかになること自体には意味があるものの、歴史学的にみればそれほど大きな意義があるとは思えないからだ。

歴史学としてより重要なのは、三段撃ちがあったかどうかということよりも、信長の軍事がどういう思想、どういう理念に基づいて行われていたのかという点である。言ってしまえば、設楽原での戦術研究は戦争については素人である歴史学者などが研究するよりも、たとえば自衛隊の軍事研究チームのようなプロに任せたほうが、よほど成果が出るのではないかと思う。

鉄砲を機軸とした信長の軍事を広い視野で見てみると、外圧によって日本が大きく変わってきたという歴史観に行きつく。鉄砲の伝来もまた「外圧」の一種であると考えられるからだ。

日本史上の外圧として、まず思い浮かぶのが白村江の戦いである。六六三年に朝鮮半島の白村江で、日本と百済《くだら》の残党との連合軍が唐と新羅《しらぎ》の連合軍と戦い、大敗を喫してしまった。

この敗戦で日本はそれまで築いてきた朝鮮半島での利権を手放さざるをえなくなる。さらに、唐や新羅がいつ攻めてくるかわからないという危機感のなかで、今の言葉で言えば安全保障の問題に直面することになった。

その結果、日本は政治の刷新を迫られ、律令国家へと舵を切った。その改革のなかで、日本という国の名前が定まり、大王《おおきみ》を天皇と呼ぶことも決まった。元号も切れ目なく定められるようになった。『古事記』『日本書紀』が記されて天照大神という女神を中心とした神話世界が確立し、天照大神の子孫が天皇であるという位置づけがなされた。そして、唐の国の法律であった律令を学び、それによって日本の政治が行われるようになったのである。

こうした改革は白村江での大敗北をきっかけに、スピード感を持って遂行されたと考えられる。

しかし、平安時代になると、外国とのつながりは次第に途絶えていく。八九四年に遣唐使が廃止され、外国から攻められる危機感が薄まった。その結果、非常にまったりとした国風文化が生まれたのである。それが日本らしさの発現か、大いなる停滞だったか、という評価は置くとして、その後、新勢力としての武士が政界に台頭してきて、平清盛が日宋貿易を手がけたことは単なる偶然とは思えない。

日宋貿易の始まりと平家の台頭との関連についてきっちりと論じた研究は、実はまだなされていない。両者に関連があることは明らかだが、その因果関係をきちんと整理した研究者はいないのである。

平家が滅亡した後、源頼朝は平家政権のやり方を改めるなかで、外国と広くつきあうという方向性を否定し、鎌倉という田舎で土を耕して質実剛健な鎌倉幕府を作っていくという選択をした。このことも、長い射程で見るならば、中国とのつきあいを推進した平清盛に対する源頼朝なりの答えだと考えれば、意味がよくわかる。

その後、十三世紀後半にモンゴルが来襲してくるが、このときには戦いに参加した武士に新しい土地を与えることができないという、深刻な問題が生じた。封建制下では、懸命に戦ったら土地をもらえるというのが主従関係の不動のルールだが、モンゴル来襲では海外から来た相手を追い返しただけなので、当然ながら新しい土地が手に入らなかった。

このとき、北条氏が自分の土地を少しでも分け与え、主従関係に気を配っていれば、その後の展開は変わっていたかもしれない。しかし、実際には武士たちに満足できる土地を与えなかったために、鎌倉幕府は滅亡への道を歩んでいった。

このように、海外とのかかわりのなかで、日本の歴史は大きく動いてきたが、その決定版とも言えるのが、明治維新であった。

黒船来航が日本人にとって衝撃だったのは、世界の動きに比べて、日本が非常に立ち遅れていることが明らかになったからである。

兄のような存在だった清国ですら、すでに欧米列強の餌食になっている。このままだと日本もいつ植民地にされるかわからないという危機感が共有され、新しい政府の樹立へと歴史が大きく動いたのであった。

そういう大きな流れからすれば、一部の研究者たちが言っている「鎖国はなかった」という議論がいかにバカバカしいかがわかるだろう。本当に鎖国がなかったならば、黒船が来ても誰も驚きはしないはずだ。出島など一部の港では海外との取引があったことや幕府の首脳部が黒船来航を知っていたことを強調する研究者もいるが、そういう主張は視野が狭いと言わざるをえない。彼らにはぜひ聞いてみたい。ではなぜ幕藩体制は崩壊したのか。シンプルに答えてほしい、と。

当時の人たちがなぜ、黒船がやってきたことで腰を抜かしたのか。それは、江戸幕府が鎖国をしていて、外国とのつきあいに非常に消極的だったからである。加えて、このままではまずい、列強の食いモノになってしまうという強烈な危機感が明治維新を生ぜしめた。普通に考えれば、そこまでは認めていいと私は思う。

何が戦国時代を終わらせたか

さて、外圧が日本の歴史を動かしてきたという歴史観に立ったとき、戦国時代の終焉は海外との関係性でどのように語れるだろうか。

私が注目するのは、九州の戦国大名だった大友氏である。大友宗麟が有名だが、大友氏の隆盛は、明らかに海外との貿易に関連している一例と言えよう。

第一章でも述べたが、大友氏はもっとも栄えた時期には、九州九か国のうち六か国までを影響下に置く勢いであった。しかし、政治力や武力の面で大友氏が他の戦国大名に比べて、ずば抜けて優れていたところはなかったと考えられる。その他の大名との違いを唯一挙げるとすれば、南蛮貿易に積極的だったことである。

博多が当時から外国との玄関口であったということはよく言われるが、大友氏について調べている研究者に言わせると、南蛮貿易の玄関口は博多ではなく、豊後国（大分県）の豊後府内であった。当時の府内にはチャイナタウンがあり、中国人がたくさん住んでいた。その近辺を発掘すると、今でも豚の骨が出てくるという。中国人が豚を飼って、食べていたからだ。

その府内を舞台に、大友氏は南蛮貿易に従事していた。そこから生じる利益をもとにして九州を席巻していったと考えるのが、もっとも合理的な判断ではないだろうか。そう考えてくると、南蛮とのつきあいが戦国時代を大きく変えたと言えそうである。

そして、戦国時代が終焉を迎えた最大の要因は、鉄砲の伝来という「外圧」であったというのが私の考えである。

戦国大名たちは農民を徴発して兵隊として戦場に連れていった。余談だが、農民は非力で気弱であったというのは幻想であり、当時の農民はある意味で荒々しい存在であった。本能寺の変の後、明智光秀が討たれたのに続いて、穴山梅雪《あなやまばいせつ》も農民に襲われて命を落としている。

しかし、農民は日頃から人を殺す訓練を受けているわけではない。いきなり戦場に連れていかれて、刀を使って人を殺せるかというとなかなか難しかったにちがいない。私たちがいきなり太刀を渡されて振るえるかといえば、そうでないのと同じだ。敵側の人間も当然、死にたくないので必死に抵抗するわけで、そう簡単に生身の人間を刀で斬り殺すことはできなかっただろう。

だから、農民たちが武器にしたのは、刀よりも槍であった。槍は相手から離れて刺すことができるので、刀より幾分でも恐怖心が薄らぐからだ。

遠くから相手を射殺す武器としては弓がある。弓の方が槍よりも恐怖心は少なくて済むが、私たちが思っている以上に扱いは難しく、弓の技術を習得し、狙った的に当てられるようになるのは簡単なことではないという。

そうなると、やはり鉄砲に注目すべきだと私は考える。鉄砲は刀や槍に比べ、安易に、かつ大量に人を殺すことができる武器である。しかも、弓ほど扱いが難しくなく、自分の身を安全な場所に置いて、遠くから相手を撃ち殺すことができる。だから、相手を殺すことに刀や槍ほど罪の意識を感じずに済むし、良心の呵責《かしやく》からも比較的自由でいられるのではないだろうか。

その鉄砲が日本に伝来したことにより、戦争のやり方に大きな変化が起こった。その変化が戦国時代を終わらせること、つまり、日本の統一を早めることにつながったのだと思う。

そして、戦国大名のなかで誰が一番、鉄砲をうまく手に入れて使ったのかとなると、そこで織田信長という答えが出てくるのである。

大量の鉄砲の導入には、歴史学的にはふたつの意味がある。ひとつは兵種別編成と、それに伴う兵農分離へと至る端緒になったこと。もうひとつは軍事経済、つまり経済と結びついた軍事の展開である。以下、順番に説明していきたい。

兵種別編成の可能性

長篠の戦いのとき、信長が持っていた鉄砲は千丁とも、三千丁とも言われる。信長について書かれた史料のうち、もっとも信頼できるとされる『信長公記』では、まず千丁と書かれ、それを上から消して三千丁と書き直された箇所がある。千丁だったとしても、武田軍に比べれば、はるかに大量であった。

仮に千丁だとして、ここで問題なのは、信長が特定の武将を鉄砲隊の隊長のような役割につけ、千丁の鉄砲を使わせたらしいことだ。つまり、この部隊に三十丁、この部隊に五十丁、あの部隊に二十丁というようにバラバラに配置するのではなく、鉄砲隊というまとまりで戦をしたというのである。

もし鉄砲隊が存在したとすれば、この戦のとき、信長がすでに兵種別の編成（弓は弓でまとめ、槍は槍、騎兵は騎兵というようにまとめるもの）をしていたことを意味する。少なくとも鉄砲については、信長が鉄砲隊というグループを編成して使っていたとすると、信長が兵農分離をしていた可能性も出てくるのだ。

もし兵農分離をしていない、つまり武士が自分の土地で農業を営みながら生きているとすると、戦国大名がそういう武士を集めて軍事行動を起こすときにどうなるか。

ある戦国大名が戦争となったときに、たとえば配下の高田家に対して「おまえはこれだけの領地を治めているのだから、兵隊を二十人連れてこい。槍を持った武士を三人、弓を二人、旗は十本用意しろ。それから、鉄砲を一丁持ってこい」というように命令する。

　これに対し、高田家当主の高田太郎兵衛は、高田隊を編成して、自ら馬に乗って出陣する。日頃から兵隊を養っているわけではないので、自分の土地で働いている農民らに槍や旗を持たせて軍事行動に参加するわけだ。

　ちなみに、江戸幕府が定めた軍役を見ると、だいたい五百石の領地を持つ武士に対して鉄砲を一丁持ってくるよう命じている。五百石で一丁ということは、十万石の大名で二百丁の鉄砲を調達することになる。これだけ多くの鉄砲が国内にあったということは、鉄砲を一元的に管理しないと数多くの人が死ぬということだ。だから、その意味でも統一政権が必要であった。

　戦国時代には、鉄砲一丁が今の物価にすると五十万円ぐらいで調達できたという見立てがある。五百石取りの武士は年収二千万円以上になるはずだから、弾丸や火薬の代金も合わせて百万円ぐらいかかったとしても、それぐらいなら購入できたにちがいない。

　話を戻すと、高田隊に戦わせるため、戦国大名は戦功に見合うだけの褒美を出さなければならない。そうでなければ、高田隊は二度とまじめに戦わないだろう。

　さて、そのときに戦国大名はどのように褒美を与えるか。

それまでは戦に勝利したとき、高田太郎兵衛が戦奉行《いくさぶぎょう》的な担当者のところに行き、「私どもは戦死者が○人、負傷者が△人。敵の首をこれだけ取りました」と報告するのが常であった。負傷者であれば、「ここを見てください。この者は左足の腿《もも》を撃たれ、重傷です。この者は右肩に矢傷を負いましたが、軽傷です」などと報告したわけだ。

その報告に基づいて、その戦奉行的な担当者は「おまえたちは五人も死者を出してまで戦ってくれたのか。では、褒美をこれだけ出そう」と言って、高田太郎兵衛に褒美を与えたと考えられる。

もし高田隊が戦場に行ったとき、「鉄砲を持っている者はこちらへ」「槍を持っている者はこちら」「馬に乗っている者はこちら」とバラバラにされた場合、高田隊の成果というものがわかりにくくなり、褒美を与えるのが難しくなってしまう。そうであれば、多くの戦国大名の下では槍、弓、鉄砲、騎馬と兵種別に編成して軍事行動をすることはなかった可能性が高い。

一方、長篠の戦いにおける信長軍では兵種別編成が完全にできていたかどうかはわからないものの、少なくとも鉄砲隊はまとめて運用されている。そのことから、ある程度のところまでは兵種別編成ができていたと考えるのが自然であろう。

兵種別編成の威力を「実験」してみる

兵種別編成はどれだけの威力を持っているのか。これは最初に述べたように、歴史学者が机にしがみつき、頭で考えていてもなかなかわからない。そこで、NHKの番組「風雲！大歴史実験」で実験してみたことがある。

これは過去の歴史上の事件や事象を再現して検証する番組で、企画したのはアマゾンラテルナという番組制作会社のクリエイターである村中祐一くんである。実は彼は東京大学日本史研究室の卒業生で、私の三つ後輩に当たる。

最初に制作した番組のテーマは、壇ノ浦の戦いであった。一一八五年に長門《ながと》国壇ノ浦(今の山口県下関市)で行われた源氏と平家の合戦で、平家が滅亡に至った戦いだが、これはとても面白い番組になった。

壇ノ浦の戦いでよく言われるのが、潮の流れが勝敗に深く関わったということである。この定説を提唱したのは東京帝国大学教授であった黒板勝美《くろいたかつみ》先生だが、それに対しては流れがどう変わろうと船と船の相対的な距離感は変わらないとする異論が出ていた。それで、番組で再現してみようということになった。

戦を再現するといっても人を殺すわけにはいかないので、若者に出演をお願いして赤白に分かれて玉入れをやってもらうことにした。そうしたら、潮の流れがどうあろうと、玉入れの技能にまさるチームが勝ったのである。これで潮の流れが戦の勝敗に影響したという説の根拠がないことが明らかとなった。

その後、村中くんから私に「本郷さん、コーヒーをおごるからアイデアを出してください」と依頼が来た。そのときに提案したアイデアのひとつが、実際の戦いで兵種別編成がどこまで有効だったかというテーマであった。

さすがに馬を使う実験は無理なので、ビニールの槍と刀、それに水鉄砲を使って、頭に付けた風船を割ったら戦死ということにして、二手に分かれてゲームをしてもらった。その際、片方はさまざまな武器を持った兵が入り混じった部隊で、もう片方は槍は槍、刀は刀、水鉄砲は水鉄砲というふうに兵種別に編成した部隊にした。それでゲームをしたところ、何度やっても兵種別編成チームの圧勝だったのだ。

もちろん、当時の武士たちによる実戦と番組での実験は条件が異なる。ただこの実験で、混合編成よりも兵種別編成にした方が強い、ということがある程度の説得力をもって立証できるのではないかと考えている。

桶狭間の戦いにいたかもしれない「プロの戦闘集団」

強い軍隊をつくるためには、兵種別編成に加えて、もうひとつの要素がある。それは、プロの武士をつくるということ、すなわち土地から武士を切り離すということである。もっと言えば、兵種別編成は兵農分離がなされて、いわばサラリーマン武士が生まれて、初めて可能になるものだと私は考えている。

そこで、取り上げるのが桶狭間の戦いだ。一五六〇年に尾張国(現在の愛知県西部)の桶狭間で、信長が西進する今川義元の大軍を迎え討ち、大将の義元を討ち取って勝利した。

桶狭間の戦いについても、その戦術をめぐって論争があるが、それよりも歴史学的に重要なのは、この時点で信長がすでにいち早く兵農分離を試みていたふしがあることである。

桶狭間の戦いで何が起きたのかというとき、その核心はやはり土地から切り離した武士によるプロの戦闘集団が試験的にせよ、形成されたことにあったのではないか。

桶狭間の戦いでは、信長が率いる軍勢三千に対し、今川義元が率いる軍勢が二万五千という多勢に無勢であったにもかかわらず、信長が奇襲攻撃をかけて義元の首を取ったとされる。つまり、信長は奇襲戦法によって勝利したと言われてきたわけだ。

しかし、歴史学者の藤本正行さんは、『信長公記』をきちんと読めば、どう解釈しても信長は奇襲をしたのではなく、正面から攻撃をかけて今川義元の首を取ったと考えざるをえないと主張している。

これに対して、私は、三千人が二万五千人と正面から戦って勝てるわけがないと反論したことがあるが、『信長公記』を読む限り、信長が正面から戦いを挑んだように読めるのも確かなことである。

では、どう理解したらよいのか。私が考えたのは、今川義元の軍勢が二万五千人というのは多すぎないか、という可能性だった。

戦争に際しては、自分の国を守るための軍勢も残しておかなければならない。桶狭間の戦いでは多くの有力武将が戦死しているが、今川氏の本領である駿河国（現在の静岡県中部）の武将たちの名がまるでない。もしかすると彼らは国元を守っていて、遠征に参加していなかったのではないか。

どこの戦国大名でもそうだが、自分の本領を守る部隊は、自分がもっとも信頼している武将に任せるのが普通で、遠征する軍勢は占領地の軍勢が多くなる。今川義元の場合は、駿河国の隣りである遠江国（現在の静岡県西部）や三河国（現在の愛知県東部）の軍勢を連れていったはずである。たしかに戦死した有力武将は遠江、もしくは三河の城主であった。

当時の今川氏は七十万石ぐらいの土地を治める大名だったので、動かせる軍勢は二万弱と見られる。しかも駿河国の軍勢が残っているので、実際には一万五千がいいところではないか。

一方、信長が治めていた尾張国は面積は狭いものの実に五十七万石もの生産力を誇っていた。それはつまり人口もその分多かったはずなので、兵力三千は少なすぎる。実際には一万ぐらいの軍勢は動かせたのではないか。

そうすると、三千対二万五千というのは盛りすぎで、実際には一万対一万五千ぐらいの戦いになったはずだ。そうであれば、信長が正面から戦いを挑んだとしても勝てるのではないかというのが私の見立てであった。

そして、もうひとつ。信長がもし農作業とは関係なく、常に戦いに明け暮れているプロの戦闘集団を率いていたとしたら、どうだろうか。つまり、長篠の戦いのときの鉄砲隊とまでは行かなくても、自分の親衛隊のような部隊を率いていたと考えれば、この勝利の説明がつくのではないか。

そこで、またもやＮＨＫ「風雲！大歴史実験」に提案して実験してもらったのである。

今回は、ひとつの部隊は百人、もうひとつの部隊は二十人で、頭にヘルメットと風船をつけてもらい、大将をひとりずつ決める。二十人の部隊は全員がレシーバーをつけ、大将がそれぞれに指示を飛ばすことができるようにする。百人は指示、なし。それで、二十人対百人で、大将の風船を割った方が勝ちというゲームをしたわけだ。

その結果、レシーバーをつけた二十人の部隊があっという間に勝ってしまった。つまり、烏合《うごう》の衆とまでは言えないものの、大将の指示が伝わらない部隊と大将の指示がきちんと伝わる部隊で戦うと、二十人対百人という人数差であっても大将の指示が伝わる部隊が勝つことがわかったのである。

この実験で使用したレシーバーが戦国時代にあるわけはないが、それでも日頃から運動部員のように同じ釜の飯を食い、アイコンタクトで意思の疎通ができるような仲間たちであれば、勝つ可能性が高い。信長がそういうプロの戦闘集団を前もって編成していたならば、桶狭間の戦いで正面から戦ったとしても勝てたかもしれない。

『信長公記』によると、信長は若いころから「うつけ」と呼ばれており、その周囲には悪ガキ集団が集まっていたわけだが、そういう連中が馬廻りとなって次第に親衛隊の役割を果たしていった。

桶狭間での出陣の際に信長が「人間五十年、下天の内を比ぶれば夢幻のごとくなり。一度生を得て滅せぬ者のあるべきか」という「敦盛《あつもり》」の一節を舞ったという話は有名だが、この舞を終えると彼は具足を着けて飛び出していった。それに付いていったのは、五人の小姓だけだったそうだ。その後、殿が出陣したぞ、と聞いた連中がそのあとに付き従った。まさに信長と「阿吽《あうん》の呼吸」で動ける機敏な者たち。この連中がプロの戦闘集団に近い力を発揮した可能性がある。

とはいえ、同じ時代における日本国内のA国（県）で行われていることと、B国で行われていることのレベルが全く違うというのは考えにくい。A国でテレビや映画を見ているのに、B国には電気が引かれておらず、ロウソクの灯りで本を読んでいるということはほとんどありえない。A国にあるものはある程度のタイムラグがあったとしても、B国にもたらされるはずだ。

だから、信長の軍勢が完全に兵農分離された状態、つまりプロの武士による軍隊が早くから編成されていた状態であったのに対し、今川の軍勢は全くそうでなかったと断じるのは難しい。しかし、信長がいち早くプロの武士の部隊を作ろうとしていた、そのプロトタイプが桶狭間にはあった、という可能性は考えられる。

サラリーマン化する武士

こうした武士の土地からの切り離し、いわばサラリーマン化を示す根拠はあるだろうか。

信長は越前（現在の福井県）の朝倉氏を滅ぼした後、朝倉氏の家来たちに越前を預けたが、一向一揆が起きて越前は一向宗の門徒たちに占領されてしまった。このため、信長は大軍を率いて門徒たち一万二千人ほどを殺し、越前を再征服した（一五七五年）。

そして、越前一国に近い土地を筆頭家老の柴田勝家に与え、勝家の家臣だった前田利家と佐々成政《さっさなりまさ》、それに不破光治《ふわみつはる》の三人を配置し、北陸の守りを固めた。

柴田勝家らはその後、勢力を拡大し、上杉謙信が亡くなると北陸を制圧していった。そして、越前国は柴田勝家、能登国（現在の石川県北部）は前田利家、越中国（現在の富山県）の西の半分は佐々成政というように土地支配を進めていくことになる。

この前田利家、佐々成政、不破光治の三人が能登や越中に進出する前にどういう形で領地をもらったかというと、三人まとめて越前の武生《たけふ》で十万石であった。つまり、ひとつの拠点を三人に与えたわけで、ひとり当たりにするとおよそ三万三千石となる。

この三万三千石は実際にどうなっていたのか。普通に考えれば土地を何らかの形で三等分し、その土地を治める小さな城なり館を建てたりするわけだが、不思議なことにそうした形跡はない。三人とも「自分だけの」という形では領地も城も受け取っていないのだ。

これをどう解釈するかというと、三人がいわば「サラリーマン武士」であれば、ありえるわけだ。サラリーマンということの意味は、自分だけの土地を持たない、治めない、逆に言えば土地から自由であったということだ。三万三千石をサラリーでもらって屋敷を持ち、家臣を養うという形であれば、具体的に土地を分割し、城を築く必要がない。

それから、信長は小牧山城（現在の愛知県小牧市）を築くときに（蛇足だがこの時、はじめて石垣が積まれた）武士を城下町に移住させている。武士は城下町に住むことによって、無理やり領地から切り離されたわけだ。

しかし、もし前述した高田太郎兵衛が小牧山城の城下に屋敷をもらって住むようになっても、高田村には依然として領地を持っている。だから、信長の時点では、まだ完全な武士のサラリーマン化は難しかったにちがいない。その後、江戸時代になると領地を持たない武士たちが城下町で暮らすようになる。

そうは言うものの、信長が小牧山城から岐阜城へ、岐阜城から安土城へと移るのに従って家臣たちも移り住むわけで、それは武士たちがかなり土地から自由になっていたからできたと言える。鎌倉時代のように武士にとって土地が命であったら、土地にしがみついて城下町に住むことを拒否したであろう。

このように、信長が兵農分離に手を出し、武士をサラリーマン化しはじめている証拠がいくつか出てきているのである。

兵農分離はその後、秀吉が全面的に展開していくことになる。もっとも秀吉の兵農分離についても、江戸時代になっても村々には刀があったことや鉄砲のある村もあった事実を挙げて、「兵農分離はただのお題目にすぎなかったのではないか」とか「そもそも秀吉は兵農分離など唱えていなかったのではないか」と主張する人もいる。

しかし、そこまで言うのは行き過ぎであって、徹底されなかったにせよ、秀吉が兵農分離を推し進めようとしたと考えるのは妥当であると私は思っている。

というのも、江戸時代になる頃には農村での戦いが少なくなっているからだ。もちろん百姓一揆は起きているが、農民たちが鉄砲を持って大名に逆らうのではなく、主な武器は竹槍であった。農民たちは竹槍を持ち、莚旗《むしろばた》を掲げて抗議したのである。

このように大きな時代の流れを展望する限り、完全ではないにしても信長のときに兵農分離への動きが始まり、秀吉の本格的な兵農分離につながったと私は見ている。それゆえに、信長の軍勢は兵農分離をまったくしていない他の戦国大名の軍勢に比べて強かったと考えられるのである。

土地よりも茶碗を欲しがった滝川一益

いくらか余談になるが、サラリーマン武士の誕生は、武士自身の価値観の変化も促したと考えられる。

信長がそれまでの為政者と大きく異なったことのひとつに、政治にお茶を採り入れたことが挙げられる。堺を傘下に治めるにあたり、今井宗久《いまいそうきゅう》、津田宗及《つだそうぎゅう》、千宗易《せんそうえき》（利休）の三人を自分の茶頭《さどう》、つまり茶の湯の師匠に取り立てた。お茶という文化を武士の世界に取り込み、政治に利用したのである。これは茶の湯政道《せいどう》と呼ばれる。

源頼朝、足利尊氏ら、信長以前の武力を誇示した権力者たちは、文化的な側面で傑出したところは見られない。兵乱がおさまったのちの鎌倉三代将軍の源実朝《さねとも》は和歌に優れていたが、これは政治とは無関係なものだった。室町時代においては、権力者の文化的側面が重視され、足利三代将軍の義満は能（猿楽）を育て、八代将軍の義政は東山御物《ごもつ》と呼ばれる名品を収集し、東山文化を花開かせた。ただし、彼らの権力は自身が武力で勝ち取ったものではなく、いわば貴族的な世界を生き抜く教養と知恵であったと考えられる。

それに対して、信長は自ら軍事的な実力支配者でありながら、茶の湯という文化に目を付け、その価値観を戦国武将に浸透させていった。

戦で功績を上げた武将に褒美として茶の湯道具を渡したため、豊臣秀吉、明智光秀、滝《たき》川《がわ》一益《かずます》ら重臣たちは知らず識らず、茶の湯文化を受け継ぐようになった。

一五八二年、信長は武田勝頼を滅ぼした。このときの総大将は信長の跡取りだった織田信忠《のぶただ》だったが、実際に軍事行動を取り仕切ったのは滝川一益であった。この戦の恩賞として、信長は一益に上野《こうずけ》国一国と信濃国のふたつの郡を与えたが、これは石高にすると六十万石におよぶ大きな領地であった。

この恩賞について一益が書いた手紙が残っているが、そこには面白いことが記されている。

武田との戦で手柄を立てたので、信長から「何か欲しいものがあるか」と聞かれたら、彼は「村田珠光《しゅこう》好みの小茄子《こなす》という茶入れが欲しい」と言おうと思っていたというのだ。

村田珠光は千利休の師匠である武野《たけの》紹鷗《じょうおう》の師匠にあたる茶人だ。

ところが、願いは叶わなかった。その代わりに上野国と信濃国の領地をもらったのだが、素晴らしい褒美だ、ありがたいありがたいと喜ぶのかと思いきや、恩賞にもらった領地は田舎であり、「茶の湯の冥加《みようが》も尽き果てた」と書き記したのである。つまり、茶の湯の文化もない僻地だと嘆いているわけだ。

六十万石よりも茶器が欲しかったという文面を額面通りに受け取ることはできないが、このような発想を持つ武士が出現したことには驚かざるをえない。鎌倉時代から武士にとって一番大事なのは領地であり、そこから一所懸命という言葉も生まれている。その武士が美術品を欲しがる時代がやってきたのである。

これは単に政治や軍事による支配だけにとどまらない大きな時代の変化であり、その先頭に立っていたのが信長であった。

鉄砲と経済力の関係

さて、大量の鉄砲導入が意味する、もうひとつのポイントは軍事経済の展開である。織田信長は経済活動に非常に意を用いたが、それは経済が軍事の原動力になると考えていたからにちがいない。

軍事を考えるとき、気をつけなければならないのは、戦いの勝敗を左右する要因として個人の力を重んじてしまいがちなところだ。たとえば、映画『ランボー』のように、ひとりの勇者が相手部隊をバッタバッタとなぎ倒していく。あるいは天才的な指揮官の下、一発逆転で勝利する……。そういうことは、実際の戦争ではほとんどありえない。

では、リアルな戦争で何が決め手になるかというと、長い目で見れば、国が豊かな方が勝つのである。たとえば、太平洋戦争で日本はアメリカを敵に回したが、国力からしてアメリカに勝つのが無理であるのは、わかっていたことだ。

鉄砲に限って考えてみても、よほどのことがないかぎり鉄砲をたくさん持っている方が強い。鉄砲をたくさん揃えるためには、当然ながら鉄砲をたくさん製造するか、少なくとも購入しなければならないということになる。

鉄砲は、黒色火薬を爆発させて弾を飛ばすしくみである。火薬や鉄砲の原型は中国で発明され、イスラム世界を通じてヨーロッパに伝わった。

黒色火薬は木炭と硫黄、それに硝石の三つが揃って初めて製造できる。ところが、中国や朝鮮半島では硫黄を産出する火山が少なかった。一方、温泉地などに行けばわかるように日本には自然の硫黄が豊富にある。そのため、中国は日本から硫黄を輸入していた。逆に言えば、明や李氏朝鮮との交易で、日本が主力の輸出品としていたのが硫黄であった。その日本では、天然の硝石がほとんど採れない。そのため、日本で火薬を作るためには硝石を輸入する必要があった。

ところが、倭寇《わこう》が荒らしまわっていたこともあり、中国や朝鮮は日本に硝石を輸出することを固く禁じていた。日本が鉄砲を使うようになると、自分たちの国に害がおよぶことを嫌ったのである。このため、日本に火薬や鉄砲の製造技術が伝来するのは、中国より百年ほど遅れている。

日本に鉄砲が伝来したのは、一五四三年である。ポルトガル人によって、種子島《たねがしま》にもたらされたとされている。これ以後、日本人は火薬の製造方法や鉄砲の製造技術を知るようになった。

火薬を作るために不可欠な硝石については、その後、古い家屋の便所の地下にある土に含まれた硝酸カリウムを原料にして作ることができるようになり、国内でも調達できるようになったが、戦国時代にはまだ輸入するしか手がなかった。

信長はどうやって鉄砲を調達したか

信長がいち早く堺を押さえたことが重要な意味を持つのは、硝石を入手することができたからだ。この硝石の輸入という一点においても、信長の貿易・経済への目線と軍事がつながる接点を見ることができる。

信長は大量に鉄砲を調達することができたから鉄砲隊を編成することができ、軍事的に優れていたと言うと、「いや、武田信玄も以前から鉄砲に関心を持っていた」とか「上杉謙信も鉄砲を手に入れていた」といった異論が必ず出てくる。

しかし、信玄が「鉄砲が有力な武器である」と認識していたとしても、海に面していない甲斐国（今の山梨県）の地理的状況からすると、海外と直接に交易をして硝石を手に入れることはできない。

もちろん商人を通して鉄砲や火薬を調達できるのだが、信長が堺を押さえていたのに比べると、硝石を手に入れるために、信玄はひと手間もふた手間も多く必要としたのである。あるいは、商人を通すことで鉄砲一丁の値段が高く付いたことは間違いない。

これは信玄が優れていたか否かというのとは別の話であり、地理的条件の下で火薬や鉄砲を調達しづらい事情があり、それが大名各々の行動を規定したのである。

そうなると、鉄砲よりも騎馬軍団を編成する方が有効（武田の領国となった信濃は良質な馬を生産することで有名だった）だという判断になり、武田家はそういう方針で軍事行動をしていたと考えるのがリーズナブルである。

このように、堺を押さえることで鉄砲を容易に、かつ大量に入手することができたという経済的な視点から、信長の軍事を見る必要がある。言い換えれば、信長は軍事と経済とを密接に結びつけて考えていたということである。

こうして考えると、信長が他の戦国大名に先駆けて、いち早く上洛したことの意味がまた違った形で見えてくる。

信長が掲げた天下布武の天下とは、日本列島のことではなく、京都もしくは畿内を指すと考える研究者が最近では大勢を占めるようになっている。そう考えると、京都を押さえることが彼の目的であり、だから足利義昭を奉じて上洛したということになる。

また、信長は古い秩序をそれなりに重んじていたので、足利義昭を旗印にして自分の行いを正当化し、京都を中心とした政治秩序を守ろうとした。その考えを表明したのが天下布武であるということになる。

しかし、これでは信長を矮小化して評価することになり、私はこの主張には賛同できない。

まず京都はまちがいなく重要な拠点であったが、政治的な拠点というよりも、経済的な拠点だったと私は考える。当時の商業流通網は京都を中心に形成されていたため、京都を押さえることは経済を押さえるうえで非常に有効であった。それとともに、堺を押さえることが信長の目的であり、そのために上洛したと考えた方が、時代の動向を大きく捉えることができるのではないか。

私の考えでは、戦国大名とは京都にいる将軍や天皇とは距離を置いて、「自分の国を」守る人である。このように定義づけると、京都の政治が大事だから上洛するという主張とは相容れない。崩壊しかけている室町幕府の秩序に、信長が興味を持ったとはどうしても思えないのである。

だからこそ、足利義昭を将軍に据え、義昭から「副将軍になってくれ」と頼まれても、あっさりと断ったではないか。京都の政治を重視して行動していたなら、信長は副将軍を引き受けた（以前に山口の大内義興が同様の処遇を受けていた先例がある）ことだろう。それを断ったということは、やはり信長にとって政治都市・京都も将軍も魅力的ではなかったということになる。

京都と堺を押さえることは、信長にとって経済を押さえることであり、それはすなわち鉄砲を確保し、軍事的優位に立つことであった。さらに言えば、豊かさこそが国の強さであるという発想を彼は持っていたのではないか。

こうして見てくると、信長の軍事はあくまでも経済の延長線上にあるものであり、ただ意味もなく領土を拡大するために戦っていたわけではないということがわかる。だからこそ、信長は生き残り、戦国時代に終わりを告げることができたのである。

言い換えるなら、戦国時代に終止符を打つ人物は、必ずしも信長である必要はなかったということになる。強い武将であった信長という個性が戦国時代を終わらせたのではなくて、戦国時代を終わらせることのできる人物を時代（その政治・経済情勢）が欲していたと捉えればいいのではないかと私は考えている。

だから、信長がいかに稀代の英雄であったかという英雄論を語りたいのでは全くないわけであり、これが何度も繰り返す本書全体のトーンでもある。

信長という個人にフォーカスするのではなく、戦国時代がどういう時代であり、時代の要請が何であったかを述べたいのだ。その時代の要請に応えられる人であって初めて、結果を出すことができるのである。そうであれば、戦国時代の要請とは戦乱を終わらせることであるから、信長の天下布武の天下はやはり、日本列島全体を指していると考えざるをえないと思う。

城郭と天守閣という発明

本章の最後に、信長の軍事的なアイデアがどのように後の時代につながっていったのかを見ておきたい。信長の軍事的発明とされる事例のひとつが、城郭《じょうかく》である。石垣や天守閣を考案して、城のイメージを改革したのである。

日本の城で初めて石垣が積まれたのが、先に少しふれたが、信長が築いた小牧山城だ。二〇一八年に行われた発掘調査では石垣だけでなく、信長の屋敷跡と思われる部分が見つかり、話題になった。この城を築いたのち、岐阜城や安土城でも石垣を作っている。

日本の古代の都の一大特徴は、城壁や城門を作らない点に求められると考えられる。平城京にも、平安京にも城壁はなかった。どうやら壁によって外敵の侵入を防御するという考え自体がなかったようだ。

一方、ヨーロッパでも中国でも、都市というものは高い城壁に囲まれ、なかに入るための城門が作られている。主要な道路をふさぐ形で城門が置かれるので、その道路は城壁に囲まれた都市を貫く形になる。軍事的にみれば、都市自体が城郭として機能し、戦いに際してはまず城壁が立ちはだかったわけだ。

このため、城壁や城門を破壊する破城槌《はじょうつい》や高い城壁を乗り越えるための攻城塔《こうじょうとう》、石を城内に発射する投石機などが、ヨーロッパでも中国でも考案された。

遣隋使や遣唐使を派遣して、中国の都市を見ているにもかかわらず、城壁が作られなかったのは古代史の不思議のひとつである。天皇や朝廷は自身の優越に自信を持っていた、敵などいないと考えていた、と想定せざるをえない。

ともあれ、こうした伝統があるため、武士たちも石垣を積んで城壁や城門を作り、城門に合わせて道路を通す中国風の城を作らなかった。その代わり、山や川などの自然の地形を巧みに利用して城郭を作ったのだ。石垣風のものとしては、モンゴルが攻めてきたとき、初めて博多湾沿いに防塁を築いている。相手の攻撃を防ぐために石を積んだものなのだが、遺跡を見るとあまりにもチャチなので驚いてしまう。

もしかしたら城の発達の度合いが中国やヨーロッパに比べて、相当遅れていたということかもしれない。

石垣を積むということ自体は当時の日本の技術力からすれば十分に可能だったようで、信長が作り始めると、瞬く間に石垣を備えた城が全国各地で築かれるようになった。江戸城や熊本城などに残る石垣を見ると、隙間なく巨石が連なっていて、その緻密さに驚かされる。

言ってみれば、コロンブスの卵である。ポテンシャルを持っていても、誰かが一歩を踏み出さなければ石垣は出現しなかった。だが、誰かが始めるとみんながいっせいに模倣するということだ。

城の天守閣を初めて作ったのも、信長であった。この天守閣は、後に秀吉が天下統一を果たす際、非常に役に立った。

秀吉は一五九〇年の小田原攻めで、小田原城に籠城して最後まで抵抗する北条氏を大軍で包囲した。

小田原城は自然の地形を巧みに利用した難攻不落の城で、街全体を取り込む「総構え」の構造になっている。上杉謙信が十万人もの軍勢で小田原城を囲んだが、城は落ちなかった。武田信玄も三万人ほどの軍勢で小田原城を攻めたが、このときも城は落ちなかった。

北条氏は籠城策によって相手を追い返すことに成功してきた。

ところが、秀吉は石垣山の一夜城を作ってみせた。小田原城に相対する場所にある山に石垣を積み、そのうえに天守閣を造営するとただちに周囲の木を切り倒して小田原城から見えるようにしたわけだ。石垣や天守閣などという異次元の力（それまで関東の城には本格的な石垣はなかったし、天守閣ももちろん存在しなかった）を見せ付けられ、度肝を抜かれた北条氏は「これは敵わない」と思ったにちがいない。ペリーの黒船と同じである。それで、やむなく降伏したのである。

秀吉は信長のアイデアを使って、北条氏を圧倒したのだった。

秀吉のロジスティクス

秀吉の小田原攻めでは、もうひとつ信長のアイデアが生かされている。

軍事にはストラテジー（戦略）、タクティクス（戦術）、ロジスティクス（兵站）が不可欠である。このうち、ロジスティクスの考え方について、秀吉は信長から受け継いで明確に持っていたが、それを端的に示したのが小田原攻めであった。

上杉謙信や武田信玄が攻めてきたとき、小田原城がなぜ落城しなかったかというと、攻め寄せた側の食糧供給が続かなかったからである。兵隊たちが食べる物が底をつき、やむなく撤退に追い込まれたわけだ。

籠城は普通、城内の兵糧は限定されているし、援軍が来ないとジリ貧になって負けるケースが多いので、よっぽどのことがないと取らない戦術である。しかし、小田原城の場合は守りが堅く、大量の兵糧が備蓄されていたため、北条氏は強敵が攻めてくるときは、あえて小田原城に籠城して防御に徹する戦術を取ったのであった。

秀吉が攻めてきたときも、北条氏はやはり籠城戦術を選んだ。秀吉の軍勢は二十万人に上ったので、すぐに食糧が底をつき、撤退せざるをえまいと踏んだわけだが、秀吉は徹底したロジスティクスで兵糧米を確保した。とはいうものの、内実は厳しく、兵隊たちが腹いっぱい飯を食べられたわけではなかったようだが、少なくとも兵糧が底をつくことはなかった。

つまり、軍事とはランボーのような強い兵士が一人いることではなく、たくさんの兵隊と武器を集めることであり、そのたくさんの兵隊に飯を食べさせるシステムを作り上げることである。だから、軍事の肝はロジスティクスであり、経済活動にあるのだ。兵隊たちに飯を食べさせる近道は結局は国を豊かにすることであるから、軍事とは国を豊かにすることだとも言えるのである。

飢えた兵隊たちが「どうせ死ぬのなら敵を道連れにして討ち死にする」と死に物狂いで戦い、勝つことはあるだろうが、それは一回きりのことであって続かない。長い目で見たとき、しっかり食べている方が強いのは古今の戦で変わらない。

たとえば太平洋戦争末期における日本の兵站はボロボロであった。南方では栄養状態がひどく、戦いで死ぬのと同じくらいの人数が飢えや病気で死亡したという。人命を何と思っているのか。愚かにも程がある。

以前、ＮＨＫの番組「偉人たちの健康診断」に出演したとき、関ヶ原の戦いがテーマだった。関ヶ原の戦いで西軍が一日足らずで敗北した理由のひとつとして、兵隊たちが満足に飯を食べられていない実情があったというのが番組の趣旨であった。

西軍の兵隊たちは、前日の夜から軍事行動を開始した。その前におそらくおにぎりか何かで腹をいっぱいにしたにちがいない。しかし、その後ずっと休みなく軍事行動が続き、関ヶ原の戦いに突入したため、十時間以上にわたって何も食べない状態が続いた。そうなると、血糖値はレッドゾーンまで下がったと推測され、兵隊たちが動けなくなったところを東軍に撃破されたのではないかという新説であった。

この仮説の真偽は定かでないが、兵隊は飯を食べなければ戦えない。使い古された諺《ことわざ》だが「腹が減っては戦はできぬ」のである。その点、秀吉が兵隊たちに飯を食べさせることを重視したのは大正解である。

勝つべくして勝っていた信長

結局のところ、国を富ませ、たくさんの兵隊と兵器を維持できるほうが勝つというのは、戦争における古今東西の鉄則であり、信長はこの鉄則を熟知していた。

桶狭間の戦いでは、少数の信長軍が今川義元の大軍を倒した（私はそう思っていないが、一応定説では）わけだが、信長はその後、博打《ばくち》のような戦いを一切していない。必ず、敵より多い軍勢を用意して、敵を圧倒するという戦い方をしている。つまり、桶狭間の戦いには勝ったけれども、あれはまぐれだったということを信長はよくわかっていた。だから、二度と同じ轍を踏まなかったのである。そこが信長の知力であると私は思う。

桶狭間の戦いは戦前もクローズアップされたが、それは藤本正行さんがくり返し指摘しているように、奇襲戦法が注目されたからだ。柔道には「柔よく剛を制す」という言葉があるが、少数の軍勢でも機転を利かせたり、知恵を働かせたりすることによって、多数の軍勢を倒すことができるという思想である。日本の軍部がその考えに傾倒しすぎたため、太平洋戦争も起きたのではないかというのが、藤本さんの主張である。

誰がどう考えても、当時の日本の国力とアメリカの国力はレベルが全く違う。にもかかわらず、やり方によっては巨大な獣を倒すことができると過信した軍部が、全く展望のない戦争に突入したと考えることができるかもしれない。

桶狭間の戦いで、少数の軍勢を率いた信長が大軍勢を率いた今川義元に勝ったという歴史学者の解釈が、軍部の判断に影響を与えたとすれば、歴史学者は反省しなければならないと藤本さんは述べている。その点については、私も同意見である。

それと同時に、戦争では軍勢の多い方が勝つという古今東西の鉄則を改めて認識する必要がある。戦国時代に話を戻すと、大量の軍勢を用意できるのは、広大な領地を持っている戦国大名である。だいたい四十万石の領地で一万人の軍勢を調達できるというのが、よく言われることだ。

少なくとも、信長は広い領地を確保することによって大量の軍勢を用意し、それで敵と戦った。戦いに勝つと、相手の領地が手に入る。そうすると、さらに大量の軍勢を用意できる。こうしたスパイラルが、信長を天下人にまで押し上げていったのである。

だから、信長の軍事とは経済であった。経済で領民を豊かにし、質量ともに優秀な軍勢を作り上げた。質とは大量の鉄砲であり、量とはたくさんの兵隊である。質量ともに敵を圧倒できる軍勢を用意して、勝つべくして戦いに勝ったのである。

第四章

信長と国家

信長の花押の秘密

まずは、信長の花押を見てほしい（図4-1）。ある漢字を崩したものだが、何という漢字に見えるだろうか。

少なくとも、私には見当も付かなかった。しかし、驚くべきことに、私の師匠である石井進先生のさらに師である佐藤進一先生がその謎を解いてしまったのである（『増補 花押を読む』平凡社ライブラリー）。

佐藤先生はある花押を何気なく見たとき、「これは信長の花押に似ているな」とピンと閃《ひらめ》いた。それは、勝海舟の花押であった。ご存じのように、江戸幕府が倒れるとき、官軍の西郷隆盛と話し合って江戸城の無血開城を決めた人物である。

図4-2が、勝海舟の花押である。勝海舟は勝麟《りん》太郎《たろう》と言い、麟という漢字一文字を崩して花押にしていた。つまり、それと形の似ている信長の花押も麟という漢字を使っているのではないかと推測できる。

しかし、信長には麟の付く名前はない。では、なぜ麟なのか……。

そのとき、佐藤先生に再度の閃きが訪れた。それは、麒麟《きりん》の麟だ！ というのである。

図 4-1　織田信長の花押

図 4-2　勝海舟の花押

図 4-3　竹中半兵衛の花押

麒麟というのは、中国において、世の中が平和に治まったときに天帝がその平和を祝福し、この世に送り出すという想像上の動物であった。だから、麒麟が現れるのは、めでたいことなのだ。

信長は、天下布武（天下を武力で制圧すること）を唱えた。この麟という花押には、まさに天下統一して平和な国を作るという意志が込められているのではないか……。佐藤先生は、そう考えた。それは、名人芸とでも言うべき歴史学者の連想であった。

豊臣秀吉の軍師となった竹中半兵衛の花押は、千年鳳《せんねんおおとり》である（図4-3参照）。千年鳳とは鳳凰、つまりフェニックス（不死鳥）の別名で、麒麟同様に世の中が平和になると現れるという想像上の動物だ。だから、千年鳳の花押にも、やはり戦争がない平和な世の中を希《こいねが》う気持ちが込められていると見られる。

実は、信長が麟の花押を使い出したのは、足利十三代将軍の義輝《よしてる》が、松永久通らに殺害された後であった。つまり、室町幕府がほぼ崩壊した時点である。ということは、やはり「オレが平和な世の中を作る」という決意の表明ではなかっただろうか。

信長の天下布武については、天下の意味するエリアがどの範囲だったかについて、論争がある。先にも述べたように、当時の天下は京都周辺あるいは畿内であって、日本全国の統一を目指したのではないと主張する研究者がいるわけだ。

この主張に対する反論として挙げたいのは、天下という言葉が源頼朝の時代から使われているという点だ。

頼朝は「天下草創」、つまり今は天下を刷新するときだという主張で、天下という言葉を使っている。頼朝は鎌倉にいたわけだから、当然ながら天下とは畿内だけではない。こうした意味で天下が使われた例は、枚挙に暇《いとま》がないのである。

もうひとつ、私の主張の傍証となる事実を挙げておきたい。それは、信長が京都に攻め上った後、最初に攻めた相手が越前の朝倉氏であったことだ。一五七〇年（永禄十三年／元亀元年）、信長は越前に向けて兵を進めている。

もし天下が京都もしくは畿内のことであり、信長が京都政権を作りたかったとしたら、まず畿内を平定するために戦うはずではないか。一向宗の石山本願寺や畠山氏の残党など、畿内にはまだたくさんの敵が残っていた。

朝倉氏が畿内への影響力を及ぼそうと、しょっちゅう京都に侵攻していたのなら話は別である。しかし、室町幕府最後の将軍となる足利義昭は当時、後継者争いのなかで各地を転々としていたが、自身が将軍となるための上洛への協力を朝倉氏にも求めた。それに対して朝倉義景は求めに応じていない。にべもなく断っている。

つまり、朝倉氏にとっては越前国を守ることこそが重要であり、京都などに興味を示さなかったということだ。にもかかわらず、信長はなぜ、越前に固く閉じ籠もっている朝倉氏を攻めなければならなかったか、ということが疑問となる。京都を安定的に支配するのに、朝倉氏は全く関係がないのだ。

こうして検討してくると、やはり天下布武の天下とは日本全体だというのが、私の考えである。

もしそうだとすると、史上初めて日本列島をひとつの国として理解し、まとめようとしたのが信長であったということになる。そして、その延長線上に秀吉の天下統一が成し遂げられたのだとすれば、日本という国家を考えるうえで、信長は画期的な存在であったと言えよう。

逆に言えば、信長が現れるまで日本はひとつの国ではなかったということになる。教科書を見れば「日本史」としてまとめられているから、日本は古代からひとつの国だったと思っている人が多いと思うが、私は実質は、そうではないと考えているわけだ。

日本史を考えるうえでとても大事なポイントなので、古代に遡って持論を述べることにしたい。

日本はひとつの国か

日本は古来ひとつの国であったと、日本人の多くは考えている。それは、日本人はひとつの言語を話す、ひとつの民族であり、ひとつの国家を形成していると、小学校のときから教え込まれてきたからだ。

しかし、この認識はどう考えても正しくない。アイヌ人や琉球人などの異民族がいるという大きな問題があるが、アイヌや琉球の問題をカッコに入れたとしても、日本列島がひとつの国であったという認識に立つと、見えなくなってしまうことが多いのである。

では、なぜ「日本はひとつの国である」という言説が罷《まか》り通っているのかと言うと、やはり戦前の皇国史観の影響を強く受けているからだと思う。

明治政府は欧米列強に対抗するために、日本をひとつにまとめ、強力な中央集権国家を作り上げねばならなかった。その際、日本という国の軸あるいはアイデンティティをどこに置くかと考えたとき、浮上したのが「万世一系の王、すなわち天皇を戴く世界に希《まれ》な国である」というビジョンであった。

そして、天皇は神様の子孫であるとして国家神道が打ち出された。それと同時に廃仏毀釈という非常に野蛮な政策が断行され、仏教寺院をはじめ、仏像や仏教美術など、後に国宝や重要文化財に指定されてもおかしくないような宝物が多数(国宝級のもので、現在ある二倍のものが失われたという)破壊された。

ところが、国家神道は教義を持たない宗教であった。日本史という学問を作り上げた偉大な学者で東京帝国大学教授だった久米邦武《くめくにたけ》は、一八九一年に「神道は祭天の古俗《こぞく》」と喝破した。神道は天を祭る古い慣わしにすぎないのであって、宗教ではないと述べたのである。

久米はこの主張によって、教授の座を追われる。佐賀の出身だった久米は同郷の大隈重信から救いの手を差し伸べられ、東京専門学校(現・早稲田大学)の教授となったが、そのバッシングたるや凄まじいものがあった。

宗教、少なくとも世界宗教とされるものには必ず教義があり、そこから宗教哲学が生まれてくる。たとえば、キリスト教には『新約聖書』や『旧約聖書』があり、教義を解釈するキリスト教神学が発達している。イスラム教にも『クルアーン』という聖典があり、人間の生き方などが説かれている。仏教にも宗派ごとの教典があり、仏教哲学が研究されている。

これらの諸宗教に比べると明らかであるが、神道にはしかるべき教義がない。二〇一九年には新天皇の即位に伴って、大嘗祭《だいじょうさい》など国家主宰の行事が行われる。これについて、皇位継承第一位になる秋篠宮《あきしののみや》が、天皇家の儀礼である大嘗祭に国家予算を支出していいのかという問題提起をしたことが大きく報道された。

日本政府は神道について、あるときは「宗教だ」と言い、あるときは「宗教ではない」として言わば二枚舌を使っている。たとえば、靖国神社に首相が参拝して玉串を捧げるとき、立場が公人か私人かが問われるが、もし神道が宗教であるとすれば、首相が玉串を捧げることは憲法で定められた政教分離の原則を侵すことにならないか、真剣に議論すべきであろう。

そういうときに「神道は宗教でないから問題ない」という主張が出てくる。しかし、もし神道が宗教でないならば、課税を免除されたり、宗教法人に認定されたりすることはおかしいのではないかという疑問が生じる。

明治時代においては、国家神道は万世一系の天皇制を支える大きな要素になっていたが、万世一系の天皇をアピールしたのは、日本が伝統のある古い国であることを諸外国に知らしめるためであった。おそらく、その背景には四千年の歴史を誇示している中国に負けるわけにいかないという意識があったのではないか。

こうして、日本政府は太平洋戦争前の一九四〇年に皇紀二千六百年を打ち出し、初代の神武天皇から連綿と続く天皇の系譜を内外にアピールしたのであった。

しかし、『古事記』や『日本書紀』に出てくる草創期の天皇たちは百歳を超えて生きていたなどの話を見ると、当たり前だがこれは神話世界の話と言わざるをえない。したがって、科学としての歴史学とはどうしても相容れないものである。

肇国《ちょうこく》、つまり国産みの神話を強引に歴史に取り込んでしまったのが皇国史観だが、その理論的指導者だったひとりが、東京帝国大学教授を務めた平泉澄《きよし》である。

平泉は「肇国の神話を信用しないという人がいるが、そこから日本の歴史が肇《はじ》まる以上、疑っても仕方がない。信用するしかないではないか」という論法で正当性を主張している。

しかし、科学は実証できるからこそ成り立つのであり、信じる・信じないという選択が入ってきたら科学ではなく宗教になってしまう。にもかかわらず、信じることを平気で取り入れているのが皇国史観の本質なのだ。

太平洋戦争の敗戦後、日本の歴史学のあり方は大きく変貌したが、その際に皇国史観の問題をきちんと検証せずにきてしまった、といううらみがある。もちろん、いま皇国史観を信じている人は少ないだろうけれども、一方で「日本というのは長くひとつの国であった。日本人はひとつの言語を話す、ひとつの民族であり、ひとつの国家を形成してきた」という考え方を当たり前のものとしているのは、その弊害の一つだと私は考えている。

日本に古代はあるか

日本の歴史は古代、中世、近代、近現代の四つに分けて研究され、教えられている。大学で日本史を専攻すると、四つの時代区分のうち、どの時代を学びたいかという志望で所属するゼミが分かれていく。

日本史が四つの時代に区分される理由はいくつかあるが、そのひとつは研究者の視点から見た史料の種類の違いである。それぞれの時代で史料の読み方に特徴があり、そこから四つに分けるのがリーズナブルだという考え方が出てくるわけだ。

しかし、私の考えでは、古代に特有の史料はないと言っていい。中世の史料を読むトレーニングをした研究者であれば、古代の史料もだいたい読めるのである。

そうだとすれば、古代史という時代区分自体を考え直す必要がある。古代を無理やり設定する背景には、戦前の皇国史観の影響があるのではないか。国際日本文化研究センターの井上章一教授が書いた『日本に古代はあったのか』（角川選書）という著書は説得力があるだけに、私にとっては衝撃の一冊であった。

簡単に言えば、井上さんは世界史の水準で日本史を考えたのである。そうすると、日本史で古代と言っている時代区分は世界史では明らかに中世に当たり、日本には古代がないと考えてもいいのではないかと問題提起している。

中世ヨーロッパにおいて、ドイツやフランス、イギリスはギリシャ・ローマにとって周辺にある「野蛮な国」として歩みを始めた。東アジアにおいては日本が中国にとって周辺国であり、その意味では独仏英と日本は似たような位置にある。その独仏英が国の成り立ちを中世から始めているのだから、日本も同様に中世から歴史を始めてもいいのではないだろうか。

一般的には古代史の人気はきわめて高い。その理由のひとつは、史料に拘束されないで済む領域が広い分、想像の翼をはばたかせやすいからだ。中世や近世、つまり鎌倉時代から江戸時代に至る時代の研究は、やはり古文書などの史料を読まないときちんとした研究はできない。

ところが、古代にはあまり史料がなく、読まなくて済むために、アマチュアの歴史家も参入しやすいのである。作家の百田尚樹氏が書いたベストセラー『日本国紀』についても、古代については自由に描いているが、中世はそうはいかない。相当数の史料が残っており、百田氏がいくら天皇中心の日本史を描きたいと思っても描くわけにはいかないのだ。これは、新しい歴史教科書をつくる会などでも全く同じで、中世の歴史を天皇中心に書き換えるのは至難の業である。

こうした傍証もあって「日本に古代があったのか」という井上さんの問いかけは一層、重みを増してくる。古代史の研究者はこの問いに正面から答えるべきだと私は思うが、今のところそうした動きはないようだ。

日本の成り立ちを考える

以上のような問題意識に立って、日本という国が本当にあったのかという踏み込んだ問いまで含めて、国家の問題を考えてみたい。その際に、日本という国はなかったという前提から考察するのもひとつの手法であるが、ここではオーソドックスに考えていくことにしよう。

日本の都が大和地方に置かれていた古い時代について考えると、日本というのは疑いなく西国《さいごく》型の国家であった。

東アジア世界というエリアで考えると、昔から新しい文化は必ず西からやってきた。逆に言えば、東からはやってこなかったのだ。西とは中国大陸や朝鮮半島であり、東南アジアから渡来する場合は、中国沿岸や琉球などを経由してやってきただろう。その玄関口は博多であり、都と博多を結ぶ経済的な大動脈としては、当然ながら瀬戸内海を想定することができる。

中国やヨーロッパの都市と違って、日本の都には城壁がないことは第三章で述べた通りである。これはなぜかと言うと、敵が攻めてくることをほとんど想定していなかったからというのが、私の仮説である。

当時の日本は西国型の国家であったから、もし敵が攻めてくるとしたら博多が最初に狙われるにちがいない。だとすれば、博多から都に攻めてくるまでにはかなりの時間がかかる。言い換えれば、距離こそが石垣の役割を果たしていたわけだ。

つまり、日本列島の中心ではなく、西国型国家の東のどん詰まりに都があったと考えたら、わかりやすい。東の端まで攻めて来られたらその時点でもはやアウトであり、城壁を作る必要はなかったのだろう。

天智天皇の時代、六六三年に朝鮮半島で行われた白村江の戦いについては、すでに触れた。日本軍と新羅・唐の連合軍が戦ったが、日本軍はボロ負けに負けて、それまで保持していた朝鮮半島での権益を失ってしまっただけでなく、新羅・唐の連合軍が攻めてくるかもしれない状況に陥った。

このため、日本は天智天皇、その弟の天武天皇、そして天智天皇の娘で、天武天皇の妻である持統天皇の時代に、新たな国家体制の建設に急ピッチで取り組んだ。大化改新から大宝律令の成立の頃に、地方行政単位として、いわゆる五畿七道、六十六の国が置かれるようになり、この時点で日本列島全土を治めようという発想が出てきたわけだ。

それと並行して、それまで大王と呼ばれていた日本国のトップの名前を天皇と呼ぶことにした。その天皇の存在を支えるために神話の整理が行われ、『古事記』と『日本書紀』が編纂された。これによって天照大神を中心に日本全国の神々が編成され、天照大神の子孫である天皇は他の貴族とは異なる絶大な権威を持つことになった。この辺りの重要性は、古代史研究者が着目して研究を進めてきたところである。

しかし、ここで見逃されたことがあった。それが、東北地方の位置づけである。

東北・関東は「国外」だった

東北地方の県はどこも、地図を見ると、相当に広い。全国の都道府県の面積では、トップの北海道に次いで岩手県が二位、福島県が三位に入っている。

天武天皇のころ、大和朝廷は東北地方をどう認識していたのかと言うと、太平洋側に陸奥国（現在の福島県、宮城県、岩手県、青森県）一国、日本海側に出羽国（現在の山形県と秋田県）一国、つまりたった二国しか東北地方に国を置いていなかったのである。つまり、大和朝廷は東北地方を統治の対象として考えていなかった、少なくとも軽視していたと言わざるをえない。

六七二年の壬申《じんしん》の乱で権力を握った天武天皇は、都の周辺に三つの関を置いている。北陸道に愛発関《あらち》（福井県）、東山道に不破関《ふわ》（岐阜県）、東海道に鈴鹿関《すずか》（三重県）の三つで、これを三関《さんげん》と呼ぶ（図4-4）。これらの関所の目的は、謀反者が逃亡するのを防ぐと同時に、攻めてくる敵から都を防衛するためのものである。

ここで面白いのは、都の西側には関が築かれていない点だ。つまり、敵は東からやってくると考えていたわけで、当時の日本が西国型国家であることはここにも示されている。

図4-4
都と「関東」を分ける三つの関

ちなみに、これら三つの関の東だから「関東」という言葉が生まれた。今の関東地方のイメージから、関東の語のもととなった関は箱根の関所であると勘違いする人が多いが、そうではない。都にとってみれば、関の向こう側は都の文化が浸透していない野蛮な地であったろう。

だから、このころの関東地方は今の中部地

方も含む広大なエリアを指していた。このことからも、日本列島がひとつの国だったという考えが間違いであることがわかる。

その後、律令国家がしだいに力を持つようになると、関東と呼ばれるエリアもしだいに狭まっていき、鎌倉時代を経て、やがては今の関東地方と同じ範囲に限定されていった。

こうして見ると、天智、天武、持統の時代は天皇が生まれると同時に、新しい日本が誕生した時期でもある。と言っても、日本というのは西国型国家であり、関から向こうの東のエリアが日本というまとまりのなかでどういう位置を占めていたかは、熟考していかねばならない問題なのである。

さらに縮まる平安時代の日本

平安時代に入ると、日本はさらに内向きになっていく。

それまでの日本は東アジアと面と向かって関わり合いを持ち、遣隋使や遣唐使を派遣して交流を行っていた。国内の政治を行うときには、常に中国や朝鮮などを意識していたと言ってよいだろう。絶えず、外国から何か素晴らしいものを持ってこようと思っていたにちがいない。

ところが、七九四年に平安京に遷都が行われてから、ちょうど百年後の八九四年に遣唐使が廃止された。このとき、建議したのは菅原道真で、「もう中国には学ぶものがなくなったから」というのが理由とされているが、実際にはまだまだ学ぶことがたくさんあったはずである。しかし、当時の日本と中国の政治状況について検討した結果、遣唐使を止めようという判断に至ったのだ。

こうして、江戸時代の鎖国同様、平安時代の日本はどんどん内向きになっていった。遣唐使が廃止された結果、国風文化が生まれたが、逆に言えば、知的エリートたちが海外の文化から刺激を与えられなくなったとも言えるわけだ。東アジアの文物の流入を拒絶してしまえば、そこには停滞しか残っていない。

その例のひとつが、遥任《ようにん》である。国司が自分の任国に赴任しなくなることを意味する。たとえば、武蔵国の守に任命されたら、現在の東京都の府中に赴任しなければならないのに、自分は京都にいて代理を任国に送るわけだ。貴族たちが京都にしがみつく時代がやってきたのである。

こうした意識は『源氏物語』や『伊勢物語』にも、見て取れる。

『源氏物語』の登場人物のひとりに明石《あかし》の君がいる。主人公である光源氏が須磨浦《すまのうら》、今の兵庫県明石の辺りにいたとき愛人になった女性で、光源氏の心を摑んだ美女として描かれている。

このとき、光源氏は都の政治的動乱を避けて地方に逃れたわけだが、その先というのが明石だった。そこで、鄙《ひな》には稀な美女に出会うわけだ。つまり、明石という地は鄙（田舎）だという意識があったのだ。

『伊勢物語』では、都と鄙の対比がもっと色濃く描かれている。

「昔、男ありけり」で始まるように、主人公はひとりの男である。在原業平《ありわらのなりひら》だと言われているが、人物を特定してしまうとつまらない話になってしまうので、ひとりの男として読むのがいい。その都に住んでいた色男が、心に傷を負うたびに鄙に行って女に会うという設定である。

つまり、鄙は男の傷ついた心を癒やしてくれる場所であるが、時として鬼が出てくる危険な場所でもある。

たとえば、後に清和天皇の后《きさき》になる藤原高子《こうし》を、在原業平が連れ出して駆け落ちするという事件が実際にあったのだが、それが『伊勢物語』でも男が女を連れて駆け落ちする話として描かれている。ふたりが逃げた先というのが今の大阪辺りで、やはり鄙であり、女は鬼にさらわれてしまう。これは実際の事件では、藤原氏が兵を出して高子を奪い返している。

ここには、都から見て大阪ですら鄙であるという意識が見て取れる。人が住むべきところは都であり、鄙には鬼が住むこともあるという対比で、都と鄙が描かれている。京都に住む貴族には、そういう意識が濃厚にあったわけだ。

これでは、均一な日本という国があったとは到底思えない。しかも、前述したように国司が任国へ赴任することを拒み、地方行政から手を引いてしまっているわけで、それで国家と言えるのかという疑問が当然、生じてくる。

鎌倉・室町時代の関東と都

鎌倉時代になると、そうした草深い鄙に鎌倉幕府という武士の政権が立ち上がった。

しかし、京都の貴族たちからすれば、そんなものは地方軍閥にすぎないわけで、当初は全く無関心だった可能性も十分にある。そのなかで、武士たちは武力行使をすることで、朝廷や京都の貴族たちに影響力を及ぼすようになっていった。

『吾妻鏡』によると、源頼朝は武士たちが勝手に朝廷から官位官職をもらうことを禁止している〈文治元年四月十五日〉。朝廷から官位官職をもらうときは、頼朝が掛け合うから、必ず頼朝に申し出るよう求めている。〈おまえらが忠節を尽くす相手は後白河上皇ではなく、この頼朝である〉と釘を刺しているのだ。

ところが、今の勲章と同じで、武士たちはみな官位官職を欲しがるわけで、なかには頼朝に申し出ずに後白河上皇から官位官職をもらう者たちが出てきた。そういう者たちに対して、頼朝は「下命する。東国の侍のうちで任官した者たちに。本国に戻ることを停止し、おのおの在京して守衛の公務を勤めるように」と文書を発給した。

要は、上皇から官位官職をもらったのだから、おまえたちが働く場所は鎌倉ではなく、京都である。もう鎌倉には来るな。都で働けという通告だ。

さらに、頼朝は武士たちに次のように伝えたという。

「もし命令に背いて墨俣川《すのまた》より東に下ってきたならば、それぞれあるいは本領を没収し、あるいは斬罪を朝廷に申請して行う」

岐阜県を流れる墨俣川から東へ戻ってきたら、捕まえて殺すとまで言っているのだ。つまり、この時代における関東のエリアとは岐阜県から東ということになる。結局、このときにはその武士たちが頼朝に懸命に侘び、許してもらっている。

源頼朝が亡くなり、鎌倉幕府の勢力が弱まるなかで、一二二一年に後鳥羽上皇らが倒幕を企《くわだ》てた承久の乱が起こった。

幕府は御家人たちに「頼朝様の御恩を忘れるな。鎌倉幕府に味方しろ」と檄を飛ばしたが、このときに声をかけたのが遠江国から東の武士たちであった。西隣りの三河国は朝廷のテリトリーということになる。だから、鎌倉幕府の武士たちがいたのは遠江より東のエリアであった。承久の乱で朝廷側が敗北した後、幕府の力はさらに西に伸びていくことになった。

室町時代の日本列島のイメージは、図4-5に見るような概念だった（五味文彦編『日記に中世を読む』所収の図）。これは、『満済准后日記《まんさいじゅごうにっき》』の中に表れている室町幕府にとっての都と鄙を模式化した図である。

『満済准后日記』というのは、醍醐寺の高僧だった三宝院《さんぼういん》満済が書いた日記だ。満済は室町幕府のブレーンとして働いていたので、当時の政治情勢がわかると同時に、人々の意識を知る重要な史料となっている。

図4-5 室町幕府にとっての「都と鄙」

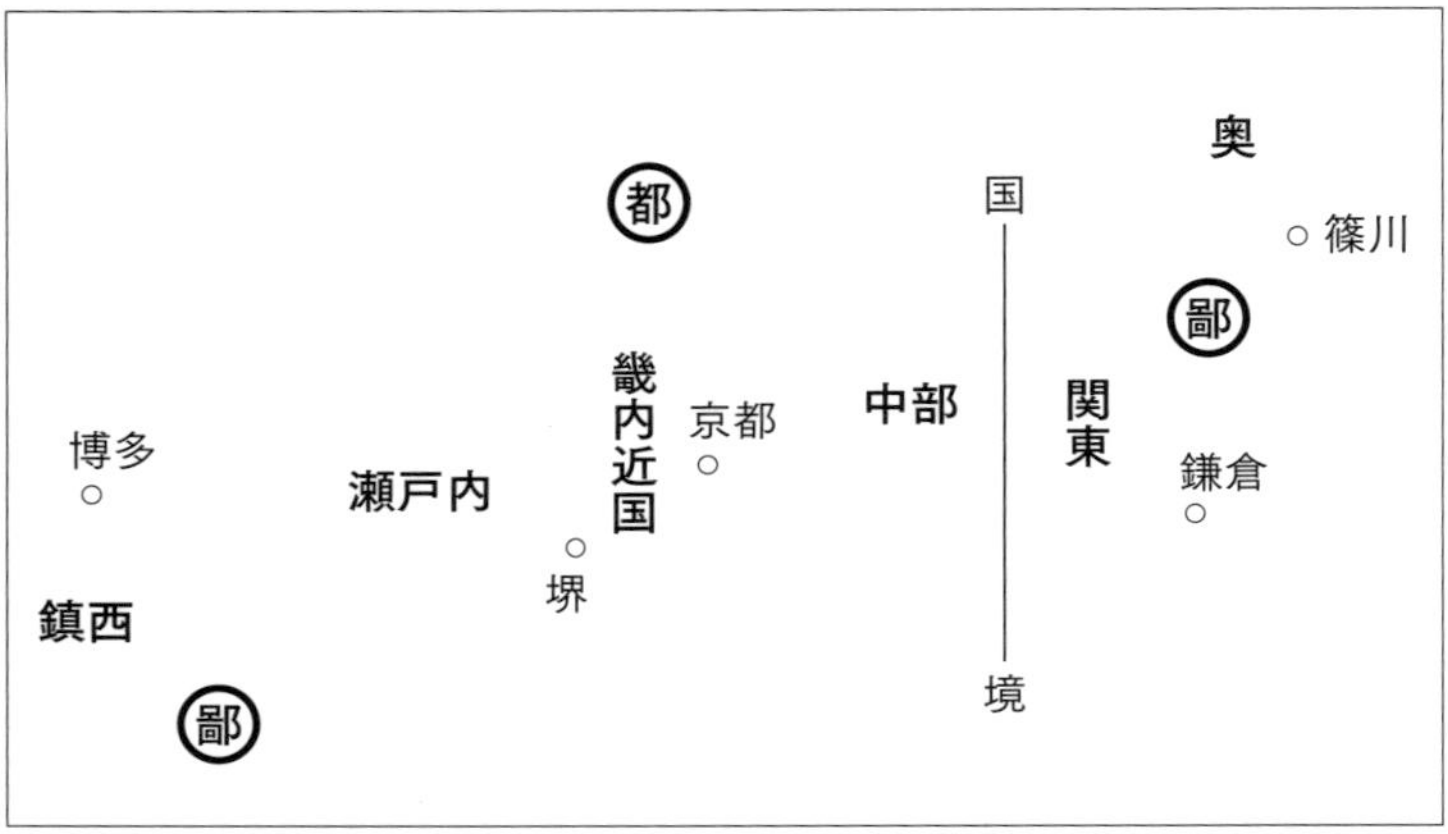

五味文彦編『日記に中世を読む』(吉川弘文館)所収

満済の感覚では、日本は都と鄙に分かれている。前述したように『伊勢物語』が書かれたころは、都と言えば京都周辺に限定されたが、満済のころになると都というのは畿内近国と中部地方、中国地方、それに四国地方を合わせたエリアであった。したがって、九州と関東、それに東北は鄙である。

室町幕府は守護大名の連合政権であるという言い方をされるが、その守護大名のエリアは都である。つまり、都のエリアに自分の任国を持っている守護大名たちが、京都で暮らして政治を担っていたわけだ。都でない鄙のエリアにいる守護大名たちは、京都には住まずに任国にいて、東国ならば

表4-6　室町時代の奥州管理職

元弘３年(1333)	建武政権が陸奥国国司に北畠顕家を任命。これに対抗して、足利尊氏は**斯波家長**を**奥州総大将**に任命
建武４年(1338)	家長が戦死。**石塔義房**が**奥州総大将**として派遣される
貞和元年(1345)	**畠山国氏**(尊氏派)と**吉良貞家**(直義派)が**奥州管領**に任命される
観応２年(1351)	観応の擾乱で貞家が国氏を倒す。国氏の子の**畠山国詮**は二本松に移り**奥州管領**として執務
文和２年(1353)	貞家が病没。子の**吉良満家**が**奥州管領**職を世襲。先の奥州総大将石塔義房の息子・**義憲**(義元)が**奥州管領**を自称。また**斯波家兼**も**奥州管領**に任命されて下向⇒**四管領時代**
正平年間(1356～60)	斯波家兼の子の**兼頼**が出羽国按察使《あぜち》として出羽に下向。後に**羽州探題**と呼ばれ、子孫は最上氏と称した
応永７年(1400)	**大崎詮持《あきもち》**(家兼の孫)を**奥州探題**に任命

鎌倉に出仕したのだ。

言ってみれば、室町幕府は都のエリアに任国を持ち、政治を執り行う一軍と、鄙のエリアに任国を持つ二軍から成っていたということになる。

東北でのデタラメな人事

室町幕府が地方行政にどう取り組んでいたかがわかるのが、奥州(現在の東北地方)に対する政策である。

表４‐６を見てもらいたい。誰がどういう職名で奥州に派遣されたかがまとめてある。この表を見ると、幕府は奥州総大将という名前で、武

士の大将を派遣している。

最初に送ったのが、斯波家長《しばいえなが》である。名門の子弟だったが、北畠顕家《きたばたけあきいえ》の率いる奥州軍との戦いで、一三三八年（建武四年）に戦死する。後任に起用されたのが、石塔義房《いしどうよしふさ》だった。

一三四五年（貞和元年）には、畠山国氏《はたけやまくにうじ》と吉良貞家《きらさだいえ》のふたりが奥州管領《かんれい》に任命された。なぜふたりかと言えば、このころ、京都では足利尊氏と直義《ただよし》の兄弟が争っていたため、それぞれの派閥から別々に管領が送られたわけだ。畠山国氏は将軍直属で尊氏派、吉良貞家は弟の直義派であった。

一三五一年（観応二年）には吉良貞家が畠山国氏と戦って、国氏を自害に追い込んだ。このため、国氏の子である畠山国詮《くにあきら》が代わって二本松（現在の福島県二本松市）に移り、奥州管領の執務を行った。その子孫は土着し、二本松氏を名乗った。

一三五三年（文和二年）に吉良貞家が病死。貞家の子の吉良満家《みついえ》が奥州管領職を世襲した。ところが、奥州総大将であった石塔義房の子の義憲《よしのり》も奥州管領を自称して活動を開始。さらに、斯波家兼《いえかね》も奥州管領に任命されて、奥州に下向した。

こうなるともう滅茶苦茶で、吉良満家、二本松国詮、石塔義憲、斯波家兼の四人の奥州管領が並立する四管領時代を迎えたわけだ。

研究者のなかには、この四人の管領がどのように仕事を分担していたかを調べている人もいるが、ポイントは断じてそこではない。四人もの管領が乱立するほど、幕府が出たとこ任せでいい加減であったということだ。

誰かが失策を犯したら、責任を明らかにする。責任の所在が明確になったら、解任して京都に呼び戻す。後任を決めたら引継ぎをして、送り込む。反旗を翻す勢力と戦いになったら、援軍を送る……。そういうリーズナブルな対応が全くできていない。はっきり言えば、問題が起こるたびに幕府はロクに調査もせず、次から次に人を送って丸投げするということをやっていたとしか考えられない。

そうした混乱のなかで、斯波氏がしだいに力をつけ、後に最上《もがみ》氏を名乗ることになる。伊達政宗の母親は最上家から伊達家に嫁いだ女性だ。一方、二本松義継《よしつぐ》は伊達政宗の父親（輝宗）を拉致したため、滅ぼされている。

少なくとも、室町幕府には東北地方をどう治めるかという理念もなければ、統治に責任を持つという意識もなかった。この時期の人材配置を見ると、その実態がよくわかるのである。

一三九二年になると、室町幕府は自ら宣言し、東北地方に関与することを止めてしまう。このころ、関東地方は鎌倉にいる第二の将軍とも言える関東公方《くぼう》が治めていたが、それまでは曲がりなりにも幕府の直轄だった東北地方を手放し、関東公方の管轄下に組み入れてしまったのである。それだけ都から離れた東北の地は治めにくく、得るところも少なかったのであろう。

現代の私たちは、日本国政府は日本全体の政治状況に責任を持つのが当たり前だと考えている。しかし、室町時代の幕府はそうではなかったということだ。関東や東北、それに九州を切り離して統治に責任を持たなかったわけで、逆に言えば、非常にコンパクトな、こぢんまりとした政権だったのである。

整理すると、近畿と中部、中国、四国の守護大名だけが京都に集められ、京都で生活しながら幕府の運営に携わった。他の地域の守護大名は京都に来ることを義務づけられておらず、幕府の運営にも関われなかった。

そして、都のエリアに領国を持っている守護大名たちの間で、主導権をめぐって争われたのが応仁の乱（一四六七～七八年）ということになる。

歴史の本にはよく、応仁の乱は日本全国の大名が戦ったと書かれているが、これは間違いである。鄙のエリアの武士たちには、戦う義務も意欲もなかったからだ。

応仁の乱が十一年間にわたってダラダラと続いた結果、室町幕府には戦争を止める力もないことが露呈してしまった。それで、京都にいた守護大名たちは皆、任国へ帰っていったのである。そして、戦国大名へと成長を遂げようとした。

しかし、都のエリアに任国を持っていた守護大名で戦国大名に成長できた者は誰もいなかった。

むしろ自分の任国にいた二軍の守護大名たちが、地元に張り付いていたために、戦国大名として成長していった。たとえば、九州の守護大名は皆、少弐《しょうに》も大友も島津も戦国大名への転進に成功している。あるいは、甲斐の武田氏や越後の上杉氏（長尾氏）なども強力な戦国大名に伸し上がっていったが、これは鄙のエリアに住んでいたからこそだと言えるだろう。

戦国時代に生まれた「おらが国」

そもそも、守護大名と戦国大名の違いとは何か。

守護大名は、室町幕府や朝廷の権威・権力を前提にした権力であった。足利将軍家の代理として任国を統治したのであり、だから足利家の一門が多く登用されたのだ。

ところが、戦国大名は京都の将軍の助けを必要とせず、自分の力で自分の国を守る権力のことである。「オレが責任を持って、この国を守るから、オレに従え」というわけだ。したがって、彼らの念頭にあったのは常に任国で、天下統一など全く考えられていなかったと言える。

研究者のなかには、それでもなお都とのつながりを強調しようとする人がいるが、本質を見るべきだと私は思う。確かに、戦国大名であっても幕府や朝廷から官位官職をもらうことはあるが、それはあくまでもオマケにすぎない。

たとえば、甲斐国の武田信玄が信濃国を侵略して占領したとき、朝廷に対して信濃守に任命するよう求めたり、幕府に対しても信濃守護に任じるよう求めたりした。しかし、守という国司や守護の役職は名前だけで、実態があるわけではないのである。信濃守、信濃守護の名は、オマケであって、さほど意味を持たなかった。

こうして戦国大名が自国の統治を始めると、その国のまとまりが出てくる。今で言えば、県民性のようなものを考えればよいだろう。

越前国の主君であった斯波氏を排斥して戦国大名になった朝倉敏景は、下克上を体現した最初の戦国大名と言うことができるかもしれない。この朝倉敏景が残した十七か条の家訓を見ると、とても合理的な内容になっている。

たとえば、第一条で朝倉家の重臣は世襲ではダメだと述べている。重臣を務めるような者は、才覚を重んじるべきだ。父親が偉いという理由だけで子どもを重臣に任じていたら、朝倉家は滅びてしまうというわけだ。

また先の章でも触れたように、合戦の日どりや取るべき城を決めるのに吉日や吉方角に従うのはバカげているとも述べている。吉日だからといって大風の日に船を出すべきではないし、多勢に対して無勢で攻めるべきでもない。たとえ日柄や方角が悪くても、考え抜いた作戦を実行せよと言っている。

まだ神頼みで戦をしていた時代に、神頼みなど現実の戦いには意味がないと述べたわけで、朝倉敏景は非常に合理的な考えを持っていたと思う。

ところが、その敏景であっても、他国の人間をなるべく使わないよう釘を刺している。よほどのことがない限り越前の人間を使えと言っているのだ。それだけ合理的な精神を持ちながらも、人材抜擢《ばってき》に一定の歯止めをかけているわけで、これは、越前国は越前の人間で治めるという「越前ファースト」の発想である。

逆に言えば、この時期に初めて、「オレたちは越前国の人間であるから、越前の人間でまとまろう」という「おらが国意識」、愛郷心が芽生えたとも言える。

だから、今でもたとえば武田信玄は山梨の人に人気がある。郷土の誇りであり、他県人が信玄と呼び捨てにすると怒るといった意識が残っているようだ。農民たちにすれば、信玄から相当な税金を搾り取られ、戦に駆り立てられて討ち死にした人もいるだろうが、それでも郷土の誇りなのだ。

もちろん、越前の周辺に越中や越後の国があることぐらいは、当時の人たちも知っていただろう。だから、外国があることをわかりつつも、おらが国でまとまるという意識が醸成されたにちがいない。

もともと国、つまり今でいう県には地政学的な条件があった。大きな川があるとか、なかなか人間では越えられない山があるとかいった理由で、国境を線引きすることが多かった。そういう意味で、おらが国という意識は育ちやすかったのである。

ヨーロッパのように平野が広がっていると、国境をめぐる争いは絶えず起きてくるが、日本の場合は川や海、山といった地形が天然の防御施設となって、争いが起きにくい面があったかもしれない。そういう理由からも、越前なら越前の国でまとまろうという話になったのだろう。そこへ戦国大名が誕生したことで、国としての一体感に拍車がかかったと言える。

私たちは今、「自分の国はどこか」と問われたら、迷うことなく「日本だ」と答えるだろう。しかし、戦国時代の人たちにとって自分の国とは今で言う県の単位であった。だから、愛郷心なのである。

アメリカは合衆（州）国であるから、アメリカ人は自らの生まれ育った州に対する強い愛郷心を持っているが、今の日本ではあまり故郷への想いを聞かない。むしろ日本人意識が優先しているのは、もしかすると明治政府の政策の結果かもしれない。

こうして分析すると、戦国大名が領地の拡大を目指して戦いを繰り広げたという記述は間違いだと言っていい。

戦国大名の第一の目的は自国を守ることであった。もちろん、自国を防衛するためには隣国の敵を倒したり、弱体化したりしたほうが良いに決まっている。だから、その過程で他国に侵略することはあるが、それも領地の拡大そのものを目指していたわけではなかったと考えるのが妥当だ。

そして、いくら領地を拡大するといっても、それはあくまで「国」というスケールの話でしかなかった。

武田信玄の場合は例外的な侵略マシーンで、信濃国を手始めに隣国を次々に侵略していったわけだが、やはりそれは国を単位とした侵略であった。それがよくも悪くも、武田信玄という戦国大名の限界だったと言えるだろう。その土地の生産物や富を奪うだけなら、国というまとまりにこだわる必要はなかったはずだ。

信玄は十年がかりで信濃国を平定したが、上杉謙信が邪魔をしてきたので、またさらに川中島で戦って、もう十年をかけて信濃国を自分の支配下に置いた。二十年もかかったのだ。

しかし、信濃国は山や谷が多く、耕地が少ない。尾張国があれだけ狭い面積で五十七万石の米が取れるのに対し、信濃国はあれほど広い面積で四十万石しか米が取れないのだ。そのうえ、独立した勢力が各地にあって、それをひとつひとつ潰していかねばならない。つまり、労多くして益少ないのが信濃国の特徴であるわけだ。

それでも信濃国にこだわり続けたということは、信玄は当時の国という単位に固執していたとしか考えられないのである。天下を取るための足掛かりとするならば、ほかに手に入れるべき土地がいくらでもある。道づたいに勢力を拡大するのもありだっただろう。信玄ですら、こんな感じなのだ。

大事なことなのでくり返す。戦国大名たちは皆、天下統一を夢見て戦い、そのトーナメントのなかで信長が勝ち残ったというイメージがある。大ヒットしたゲーム「信長の野望」の影響もあるかもしれないが、それは間違いである。戦国大名たちは誰も天下取りなど考えていなかったということは、すでに歴史研究者にとっては常識となっている。

「天下布武」の意味

武田信玄ら戦国大名の古さと対照的に、新しさが際立つのが信長である。

他の戦国大名たちと同じように、信長も天下統一など考えていなかったと主張する歴史研究者が最近多い。信長は京都で安定的な政権を作ろうとしていたのであって、三好長慶《みよしながよし》と本質的には何ら変わらないという主張であるが、私は全く異なり、前述したように信長は天下を統一しようとしていたと考えている。

岐阜という名前は、信長が命名したことになっている。実際に名づけたのは沢彦《たくげん》という僧侶だと言われているが、信長も子どものころから中国の古典に親しみ、豊かな教養を持っていたと考えていい。

図 4-7 天下布武印

図 4-8 下り龍天下布武印

岐阜の阜は丘を意味し、中国の岐山《きざん》と同じ意味である。岐山は儒教の重要人物である周の文《ぶん》王《のう》が本拠にした場所で、岐阜という地名にはここを天下取りの拠点にするという意味が込められている。

図4-7を見てほしい。これが、信長が使った有名な天下布武の判子である。信長は岐阜を攻め落としてから、この判子を使い出した。これによって、信長は「日本全国を統一する」というビジョンを高らかに掲げたのである。

それから、図4-8を見てもらいたい。こちらには天から下る龍が描いてあるので「下り龍天下布武印」と呼ばれている。

この判子を使い出したのは安土城を築いてからで、すでに京都を支配下に置いていたため、本当に京の制圧が天下布武の意味するところであるなら、天下布武印を使う必要はなくなっていたはずである。にもかかわらず、さらにスケールアップしたこの印を使っていたことからは、信長の天下統一に対する強い意欲が見て取れる。

少し話がそれるかもしれないが、二十世紀最高の経営者であると言われたアメリカ人で、ゼネラル・エレクトリック社のCEO（最高経営責任者）を務めたジャック・ウェルチが、ビジョンを掲げることの大切さを説いている。

ウェルチによると、能力があるか否か、ビジョンを理解しているか否かという四分法で考えたとき、能力があり、ビジョンを理解している社員がもっとも望ましい社員である。これは当然だ。また、最初にリストラの対象にしなければいけないのは、能力がなく、ビジョンを理解していない社員である。これもよくわかる話だ。

では、能力があってビジョンを理解していない人と、能力はないがビジョンを理解している人のどちらかをリストラしなければいけないときに、どちらを残すか。これが問題である。ウェルチの答えはこうだ。仕事がたとえできなくても、ビジョンを理解している社員を会社に残せ。つまり、ビジョンはそれだけ必要だということである。

「ほうれんそう」（報告・連絡・相談）が大切だといっても、社員が社外で仕事をしていてビジネスチャンスに遭遇したとき、いちいち本社に戻って「これ、どうしましょうか」と上司にお伺いを立てられるとは限らない。出先で自分の判断で即決しなければならないとき、会社は何を目的として仕事をしているか、そのビジョンがわかっていれば、大きく判断を間違えることはないだろう。

それだけビジョンを持ち、それを内外に明確に掲げることは大切だが、それができた戦国大名はおそらく信長だけであった。

信長の影響を受けた徳川家康が掲げたのは「厭離穢土《おんりえど》、欣求浄土《ごんぐじょうど》」、つまり戦に明け暮れた乱世を否定し、浄土を求めるというビジョンだった。あるいは、武田信玄は「風林火山」、上杉謙信は「毘《び》（毘沙門天）」、北条氏は「禄寿応穏《ろくじゅおうおん》（財産と生命は守られるべし）」を掲げている。

これらのうち、信長の掲げた「天下布武」はビジョンとして格段に優れている。他のものが自分の信じるものや利益を提示しているのに対して、信長だけは「日本はひとつになるべきだ」と主張したわけで、当時としては画期的なビジョンであった。すなわち、他の戦国大名が自分の国をどうするかにとらわれているなかで、信長はそれを超える概念を持っていたということだ。

すでに述べたように、律令国家の昔から日本は西国型国家であり、日本列島を均一にまとめようというビジョンは誰も持っていなかった。だから、天下統一という信長のビジョンは、きわめて新しいと言ってよい。

しかも、皆が理解できるように、天下布武の判子を作り、使って見せた。だから、織田カンパニーの社員たちはこのビジョンさえ理解していれば、判断を間違うことはそうそうなかっただろう。戦場で即断即決を迫られたときでも、天下布武に照らして考えればよかったのである。

別の観点から言うと、信長は他の戦国大名と違って、自分の国という意識が薄かった。それが如実に現れたのが、まず本拠地の移動である。信長は清洲→小牧山→岐阜→安土(→それに、おそらく大坂)と本拠を変えた。便利なところに居所を変える。人並みはずれて優秀であっても安芸や甲斐という地縁にしばられた毛利元就や武田信玄にはできない芸当である。

次に人事である。戦国大名たちの人材登用と全く逆のやり方をしたのである。信長は、どこの国の人間だかわからない者はもとより、どこの馬の骨だかわからない人材も有能であれば抜擢した。

三国時代の英雄、曹操は「私は才のみを求める」として「唯才《ゆいざい》」をビジョンに掲げた。兄嫁を寝取るハレンチな男でも、才があれば重く用いる、と言った。それに似ている。ちなみに兄嫁を寝取った英明な人物とは、漢の建国に大功のあった陳平《ちんぺい》である。

但し才のみを重んじる信長の人事は同時に、裏切りの多発を招くことにもなった。妹のお市を嫁がせた浅井長政に裏切られ、国持ち大名にまで引き上げた荒木村重《むらしげ》にも裏切られ、二回も許した松永久秀にも裏切られた。そして、行き着く先が明智光秀による謀反である。本能寺の変で、信長は明智光秀によって滅ぼされる。信長の最期の言葉は「是非に及ばず」だったという。自分が取り立てた光秀に裏切られたのなら、「まあしかたがないな」というところだろう。

こうして検討を重ねてくると、信長は国、つまり今で言う県というまとまりを超えて、日本という国を見据えた人物であったと言える。

他の戦国大名たちの意識が県レベルに止まっていたときに、信長だけが日本という国を見ていた。それは明治維新に多くの志士たちが尊皇か佐幕かを論じていたときに、日本をどうするかを考えていた坂本龍馬などと同じである。

そう考えると、信長の視野の広さは革命的であり、抜群に優れた歴史的人物であったと言わざるをえないだろう。

関ヶ原の戦いの謎

さて、天下統一という概念の新しさを考えるうえで、最後に一六〇〇年に起きた関ヶ原の戦いの時点での日本列島について述べてみたい。

関ヶ原の戦いは「天下分け目の決戦」とも呼ばれるように、秀吉死後の日本を誰が支配するかを決する戦いだったと言われる。ただ、この天下分け目の決戦で、私にはどうしてもわからないことがいくつかある。

関ヶ原の戦いは、徳川家康が率いる東軍と石田三成《みつなり》らの西軍が美濃国の関ヶ原で激突した戦いである。全国の戦国大名は皆、東軍に付くか西軍に付くか、旗幟《きし》鮮明にすることを迫られ、全国を二分する戦いになった。

発端は会津征伐である。会津の上杉景勝《かげかつ》が家康の命に従わなかったため、家康が諸大名を引き連れて上杉を征伐しようと進軍するところから戦いは始まっている。そして、下野国（今の栃木県）の小山《おやま》に陣を張った時点で、石田三成が挙兵したというので、家康は引き返すことになる。

ところが、なぜか上杉景勝は退却していく家康の軍勢に後ろから襲いかからなかった。それが、第一の謎である。後ろから襲いかかれば敵わないまでも、相当なダメージを与えることができたはずだ。しかも、上杉軍は家康の退却を指をくわえて見ていたのみならず、その後、北上して最上氏を攻めはじめている。これは、奇異な行動としか言いようがない。

第二の謎はよく言われることで、九州にいた黒田官兵衛《かんべえ》の動きである。関ヶ原で決戦が行われようというのに、黒田官兵衛は軍勢を率いて九州を暴れ回っていた。このことから、黒田官兵衛は九州を平定した後、近畿地方に乗り込み、家康と戦おうとしたのではないかと主張する研究者もいる。二〇一四年放送のＮＨＫ大河ドラマ「軍師官兵衛」は、この説に近い筋書きで演出されていた。

このとき、黒田官兵衛と戦った戦国大名のひとりに大友吉統《よしむね》がいる。大友家は豊後国（今の大分県）を鎌倉時代から支配していた一族で、吉統は大友宗麟の息子である。

大友宗麟は秀吉に降伏し、他の国は没収されたものの、豊後一国四十万石の大名として生き残った戦国大名だ。ところが、朝鮮出兵のとき、吉統は卑怯未練な振る舞いがあったとして秀吉の逆鱗に触れて改易となり、虎の子の豊後国を奪われてしまった。

実は、吉統の嫡子義乗《よしのり》は家康の預りとなっており、東軍に味方すべきとの家臣の提言もあったが、それは受け入れず、彼は毛利輝元と通じて西軍に付いた。というのも、戦に勝てば褒美に豊後を戻すと約束されたからだ。

その結果、吉統は西軍、黒田官兵衛は東軍として戦うことになる。これが今の別府市付近で起きた石垣原《いしがきばる》の戦いであった。結局のところ、天下を誰が取るかということで東軍・西軍どちらに付くかを決めていたのではなく、関ヶ原の戦いに乗じて領地を回復してくれそうな方に付いたというだけのことだと言える。

この戦いを制した黒田官兵衛は、関ヶ原の戦いでの東軍勝利の報に接するが、その後も北部九州各地を平定して回り、支配下に置いた領地は百万石を上回っている。もはや関ヶ原とは関係のない戦いになってしまっているのだ。

家康は関ヶ原の戦いの後、黒田官兵衛の戦功を一切認めなかった。言ってみれば、ゼロ査定である。息子の黒田長政《ながまさ》が関ヶ原で奮闘したため、中津十七万石から福岡博多五十二万石に加増されたが、黒田官兵衛の動きは全く不可解であった。

第三の謎は、四国での動きだ。四国でも、三津浜《みつはま》（今の愛媛県松山市）の戦いというのがあった。

伊予国（今の愛媛県）十万石の加藤嘉明《よしあきら》と宇和島《うわじま》八万石の藤堂高虎《とうどうたかとら》は、家康が率いる東軍に属して関ヶ原で戦っていた。

伊予は温暖で豊かな土地であるため、毛利氏はかねてから領地に組み入れたいと関心を持っていたが、加藤嘉明が留守をしているのをいいことに居城である松前《まさき》城を攻めた。城を守っていた家老の佃十成《つくだかずなり》は機転を利かせて、毛利軍を撃退することに成功した。これが、四国の関ヶ原とも言われた三津浜の戦いである。

こうして見てくると、上杉景勝にしても黒田官兵衛、大友吉統にしても、三津浜の戦いにしても、天下のために戦っていたと解釈することは難しい。関ヶ原云々ではなく、要するに自分の領地を増やそうとして動いたとしか思えない。悪く言えば、火事場泥棒である。

結局、秀吉が天下を統一してから十年しか経っておらず、多くの大名たちは「日本はひとつ」という概念が腑に落ちていなかったのだ。だから、隙があれば軍事行動を起こして領地を増やす、あるいは領地は切り取りしだいで増えるという戦国風の考えが、まだ染みついていたのではないだろうか。

逆に言えば、日本がひとつの国だという意識が定着するのは、関ヶ原の戦いよりもあと、江戸幕府によって強固な幕藩体制がしかれてから、ということになる。

本章で見てきたのは、日本はもともと「ひとつの国」ではなかった。そして、初めて日本をひとつにまとめようと思ったのが信長だった、ということだ。言うなれば、信長がやったのは「意識改革」、新しいビジョンの提示だった。それが秀吉、家康へと受け継がれることで、戦国時代の終わりへとつながる大きなきっかけとなったというのが私の考えである。

第五章
信長と社会

戦国時代はパラダイスだったか

天下布武という信長のビジョンが日本をひとつにまとめる画期となったことについては、第四章で詳しく述べた。本章では、当時の日本がどういう社会であり、信長の出現によってどう変わったのかという点について述べてみたい。

信長が活躍した戦国時代は、戦乱のなかで秩序がない状態であった。この無秩序を「庶民が自由と平等を謳歌した時代」としてプラス方向で捉えたのが、網野善彦氏だ。朝廷や幕府などの権力から強制的に義務を課されない、いわば野放図な状態が庶民にとってはよかったと考える立場である。

農民たちは惣村という地域の共同体を作り、自分たちで自治を行った。惣村がいくつかまとまると惣郷《そうごう》、惣郷がいくつかまとまったものは惣国と呼ばれた。たとえば、加賀国で一向一揆が自治を行ったのは有名な話である。

事実かどうかは別として、世界的には日本人は穏やかで、規律正しいと言われている。戦国時代に日本にやってきたキリスト教の宣教師たちは「この国の人たちは世界に類のないほど道徳心のある人たちだ」と言って賞賛してくれた。逆に言えば、宣教師たちにとって日本人は布教しやすい「お得意さん」に見えたことだろう。

当時の日本人は、特定の神や仏を信仰していなくても、お天道様に恥じない行為を心がける人が多くいた。そういう見聞記を読むと、日本人はそれなりに規律正しく生きてきたのだろうという思いを強くする。

戦後の日本史学会は、こうした状態を自由や平等が謳歌された時代と見なし、なかにはパラダイスといった言葉で描写する研究者もいたほどであった。

そうした見方の洗練した形態として出てきたのが、網野氏の『無縁・公界《くがい》・楽』である。そこで描かれたのは、権力による強制や収奪から無縁な世界であった。人々が自由であり、平等であり、人間本来の善良な資質が全面的に展開された空間が広がっていたと網野氏は考えたわけで、こうした見方に私も大きな影響を受けている。

一方、東大の駒場キャンパスで西洋史を教えていた木村尚三郎《しょうさぶろう》先生は、私が学生として受けた講義で「権力に守ってもらうことは庶民にとってプラス方向で考えるべきだ」として、網野氏とは全く反対の見解を述べていた。

確かに、権力というものは人々から税金を取り立て、決まりを押しつけるうるさいものだが、そればかりでなく、人々の安全や安心を守る側面も持っている。しかし、講義を聴いたとき、私は違和感を覚えざるをえなかった。

というのも、私が駒場キャンパスで学んでいた一九七〇年代において、大学教授に代表される知識人や、そうした大学で勉強をする若者たちは、「権力イコール悪である」あるいは「権力者イコール敵である」という感覚を大なり小なり持っていたからである。

歴史学界もご多分に漏れず、そういうトレンドのなかにあり、やはり権力こそが庶民の自由を侵食するという網野氏のような見方がピンと来たのであった。

そういう見方に疑問を持つようになったのは、研究者になった後である。歴史について広く学び、自分で史料を深く読んでいくと、民衆や地域社会をある種、美化する網野的歴史観に対して「本当にそうだろうか」という疑いが強まっていった。

もちろん、権力者が民衆を弾圧する側面はどの時代にもある。だが、網野氏の言うように、信長ら領主によって、アジール（聖域）と呼ばれるような共同体が奪われていったという見方は、一面的にすぎないだろうか、と。

神君《しんくん》伊賀越え――なぜ家康はそんなに苦しんだのか

疑問のもととなった歴史的事実の一例が、徳川家康の「神君伊賀越え」である。

徳川家康は没後、日光東照宮に神として祀られ、神君か権現様と呼ばれるようになった。その東照神君である家康は生涯に二度、危機一髪のピンチを迎えたと江戸時代に言われていた。

そのひとつが、一五七三年に遠江国三方ヶ原《みかたがはら》で徳川・織田の連合軍が武田信玄の軍勢を迎え撃った三方ヶ原の戦いである。

この戦いで家康は大敗北を喫し、危うく首を獲られるところだった。主君を守る旗本たちが次々に「我こそが家康だ」と名乗りをあげ、身代わりとなって戦死することで時間を稼ぎ、いのち拾いをしている。死の恐怖で大便をもらしながら逃げ帰ったという、自慢できない逸話も残っている。

もうひとつのピンチが、この神君伊賀越えであった。一五八二年、本能寺の変で信長が討たれたとき、家康は堺にいた。信長のもとを訪れて接待攻めともいえるもてなしを受けた後、「堺にでも行って見学して帰れ」という信長の勧めにしたがって、堺で遊んでいたとき、本能寺の変が起きた。

家康はすぐさま、少数の家臣たちを伴って領国である三河に帰ろうとしたわけだが、このときが生涯で最大のピンチだったと聞いて、最初は「えっ?」と不思議に思ったのである。

家臣は少数であったとはいえ、本多忠勝《ほんだただかつ》や榊原康政《さかきばらやすまさ》ら豪傑・勇将が含まれていた。堺から三河まで帰る、たったその程度のことで、なぜそんなに恐怖を感じなければいけないのだろうか。

家康の一行は堺から伊賀の山中を通り、伊勢湾に出て船で三河に帰るコースを選んだのだが、このときに家康が何を恐れたかというと、農民たちであった。農民たちに襲われ、殺害される危険性がきわめて高いと考えられたのである。

確かに本能寺の変の後、明智光秀は秀吉との合戦に負け、小栗栖《おぐるす》(今の京都市伏見区)で農民の竹槍に刺されたのが原因で命を落としたとされる。

何よりも、家康と一緒に堺で遊んでいた穴山梅雪が農民に殺害されている。穴山梅雪は武田家が滅亡した後、武田の名跡《みょうせき》を継ぐような形になっていた武将で、帰国する途中まで家康と一緒であった。その後、二手に分かれて違う道を進んだが、宇治で殺害されてしまった。

武将たちが殺害されたことは何を意味するのか。

ひとつは、信長の支配がまだ成熟していなかったということだ。信長というカリスマが健在だったうちは、織田政権による統治がなされていたが、カリスマが亡くなった途端にそれが崩れてアナーキーな状態に戻ってしまった。

これは、秀吉が病死したときとは全く違う事態である。秀吉が亡くなったときはアナーキーな状態にならず、トラブルも起きなかった。逆に言えば、豊臣家の政治システムが浸透しており、もはや秀吉個人による統治でなかったことがわかる。

もうひとつは、地域に住む農民たちの暴力性である。農民たちはただ純朴で従順な存在ではなかったことを裏づける証拠のひとつになるのではないか。

ここで、思い起こされるのが、関ヶ原の戦いにおける島津義弘《しまづよしひろ》の事例である。

関ヶ原の戦いで、島津義弘は西軍に属し、千五百ほどの軍勢を率いていたが、東軍と西軍の戦闘には参加しなかった。なぜ戦闘に参加しなかったかは、また別の機会に考えることにするが、西軍の敗北が決定した時点で義弘は退却を命じた。

退却すると言っても、まわりは東軍に囲まれており、ただ退却するのでは島津家の恥になるということで、家康の本陣に突撃する格好で退却を敢行した。その猛攻によって、両軍に多数の死傷者が出ている。家康の四天王のひとり井伊直政《いいなおまさ》は負傷し、このときに受けた傷がもとで一年も経たずに亡くなっている。

ところが、本当の意味での地獄はその後だった。島津勢は戦場を引き上げ、大坂から船で薩摩に帰るコースを取ったが、関ヶ原から大坂に出る道すがら、農民たちの襲撃を何度も受け、多くの武士たちが討ち死にしている。秀吉が亡くなったときには何も起こらなかったが、天下分け目の決戦で戦争状態に戻ったため、暴力性を取り戻した農民たちが落武者狩りに精励したのであった。

戦国時代、戦争が起きた後に、農民たちは負けた側、つまり命令系統を失った落武者を次々に襲って、金目の物を奪い取るのが常であった。

戦場となった地域の周辺は、言ってみれば戦国大名のエゴによって荒らされたのだから、農民たちが負けた側の武士たちを殺害することにさほどの抵抗を覚えなかったのはわからないではないが、殺人や略奪という残忍な手段に及ぶということは、農民たちにも、そういう暴力的な資質があったと言わざるをえない。

最近の研究で明らかになったのは、秀吉が検地や刀狩りをやった後も、地域共同体には刀がたくさんあったということだ。また、害獣を駆除するという名目で鉄砲もあった。つまり、農民たちは自らの暴力性を手放してなどいなかったのだ。

廃仏毀釈の真相

二百六十年間におよぶ平和な江戸時代を経て、明治維新を迎えたとき、日本全国で起きたのが廃仏毀釈の嵐であった。その結果、建築物や仏像など仏教関連の美術品のうち、全体の三分の二が失われたと推定されている。

この廃仏毀釈の発端になったのが、明治元年（一八六八年）に明治政府が出した神仏分離令である。

日本の神道や仏教はそれまで神様と仏様が混在する神仏混淆《こんこう》の状況にあり、寺院に神様が祀られる一方、神社にも仏様が祀られていた。わかりやすい事例が、南無八幡大菩薩という祈願である。八幡様は神様、大菩薩は仏教の菩薩を指す。このように、神様と仏様は溶け合って、仲良く共存してきたのである。

このような神様と仏様が混在する状態を整理しようと、明治新政府は神仏分離令と呼ばれる法令を何回かに分けて出した。それは、神様の子孫である万世一系の天皇家を中心にした国家神道によって、統一国家の基盤を固めるためであった。

ここで注意してほしいのは、明治政府は神様と仏様を分けなさいと指示する法令を出しただけであり、寺を壊せとか、僧侶を迫害せよとか、ましてや仏教教団を壊滅しろと命じたわけでは全くなかったという点だ。にもかかわらず、地域のリーダーや農民たちが率先して寺や仏像を破壊したのである。

このことはジャーナリストである鵜飼秀徳氏の『仏教抹殺』（文春新書）に詳しいが、たとえば長野県松本市では、知藩事である戸田光則《とだみつのり》がお上の意思を忖度《そんたく》し、自分が先頭に立って松本藩主松平家の菩提寺を破壊している。

何を隠そう戸田光則は、江戸時代は松平光則と名乗る松本藩最後の殿様だった人物である。つまり自身の菩提寺を潰したのだ。さらに、農民たちがそれぞれの判断で自主的に破壊を行った例も多く見られた。

それはなぜか。江戸時代に寺はある意味で、その地域の役所であり、僧侶は役人であった。葬送の儀式や墓などを一手に引き受けただけでなく、戸籍を作成する役割を担い、その地域に住む人々を把握し、記録し、管理した。まさに、地域の統治を行う末端の役割を果たしたのである。

人は上に立てばどうしても驕《おご》りが出る。上から目線でエラそうになる。僧侶も人であるから、そうしたことがあったかもしれない。それがもしかすると、人々の怒りを買うことになったのかもしれない。この点は実証するのがむずかしいのであるが。ただし、良寛のように書や歌、漢詩に優れ、厳しい修行を積んだだけでなく、子どもたちと鞠つきをして遊び、周囲の人々にやさしく、清貧に甘んじる生き方をした僧侶ばかりであったら、寺や僧侶を襲撃することはなかったにちがいない。

こうして考えてくると、廃仏毀釈の主因が僧侶の側にあるのか、あるいは民衆の側の暴力性や残虐性にあるのかについては簡単に断じることができないが、おそらく、その両方があったのではないだろうか。

現代で言えば、イスラム過激派のタリバンがアフガニスタンの遺跡で世界遺産だったバーミヤンの大仏を破壊したのはショッキングであったが、百五十年前の日本で人々が同じような行為をしていたわけで、人間というのは恐ろしい面を持っていると言わざるをえない。

さらに現代においては、一般人の残虐さというのはＳＮＳなどネットの世界に表れているように思う。不倫をしたタレントや犯罪者の家族などに対して、よってたかってバッシングをする様子は、人間の持っている醜さやいやらしさを感じさせる。

こういう事例を見る限り、網野氏が描いた民衆像、つまり戦争や騒乱のない状態であれば、人間は善良であるという歴史観に対しては、懐疑的にならざるをえないのである。何か自分たちを規制する強制力がない状態で、本当に人間は楽しく、朗《ほが》らかに生きることができるのだろうか。

網野氏の見方では、戦国大名が軍事力による支配を強めることで、自由であったり平等であったりした民衆の楽園を侵食するというイメージになるが、この点についても疑問が払拭できない。というのも、今でも全国各地で、その地域の戦国大名を顕彰する動きが絶えないからだ。

甲斐国だった山梨県に武田信玄の銅像が建てられていたり、越後国だった新潟県に上杉謙信の銅像があったりするのも、そのひとつである。

大分駅前には大友宗麟の像があり、東京で言うと渋谷のハチ公前のような集合場所になっている。大友宗麟がどういう人物かはよく知らなくても、若者たちが銅像の前をデートの待ち合わせ場所にしている様子に接して、私は微笑ましい気持ちになった。

そういう風景を見る限り、宗麟は、また大友氏は今も大分の地域に根づいている。彼らに向かって「あなたたちは無知だ。戦国大名にロクなヤツはいない」と説教するのはお門違いではないか。確かに戦国大名は武力を背景に統治し、重い税金を課し、徴兵もした。だが地域のリーダーとして人々を守り、地域の開発に取り組んだ側面を無視できない。だからこそ、戦国大名たちはいまだに人々の記憶に残っているのだろう。そういう視点から、信長が全国制覇を目論んだことの意味を見直す必要があると思う。

そのための具体的な材料として、『政基公旅引付《まさもとこうたびひきつけ》』のケースを見てみたい。

『政基公旅引付』に描かれた農民の交渉力

朝廷のトップである関白の地位まで務めた貴族に九条政基《くじょうまさもと》という人がいる。彼が記した旅の日記が『政基公旅引付』である。

九条家は近衛《このえ》家と並び、藤原本家の頂点に立つ名門である。けれどもこの名家でも、他の貴族と同じように、戦国時代になると所有する荘園から、全く税金が入ってこなくなった。このため、政基自らが一五〇〇年ごろ、京都から九条家の荘園である和泉《いずみ》国日根荘《ひねのしょう》（今の大阪府泉佐野市）に下向し、数年間にわたって滞在して統治と税金の徴収に当たった。それだけでなく、その下向の日々を記録した。それがこの『政基公旅引付』だ。

この日記は、当時の地方に生きる農民たちの暮らしぶりを知ることができる超一級の史料となっている。

『政基公旅引付』によると、地元の農民たちも雲上人《うんじょうびと》である九条政基自身が直々にやってきたことに驚き、進んで年貢を差し出したりしている。政基の努力はそれなりに成功を収めた、と研究者たちに評価されている。

あるとき、事件が起こった。佐藤惣兵衛《そうべえ》という土豪が家来を引き連れて日根荘にやってきて居座り、さまざまな物品を差し出すよう要求してきたのである。

佐藤は守護大名（細川の分家）の名代《みょうだい》で「年貢を納めろ」と言ってきたのではなく、日根荘に何らかの権利を持っているわけでもなかった。素性のよくわからない、地元のいわばゴロツキであり、単に集団の武力を背景に脅してきたのであった。まさに黒澤明監督の映画『七人の侍』の敵役、野盗たちのボスのような存在である。

戦っても勝てないと見た農民たちは、近くにある紀伊国（現在の和歌山県）の根来寺《ねごろじ》に頼ることにした。

根来寺は当時、多数の僧兵を抱えて強大な力を持っていた。僧兵の多くは、在地領主である武士の子弟が出家した下級僧侶であった。つまり、僧侶の格好をした武士と言うこともできる存在であり、もちろん修行や研究に励む学僧もいたが、そうした僧兵こそが根来寺を動かしていた。

日根荘が送った使者たちは、土産をたくさん持参して根来寺のしかるべき僧侶を頼り、事情を説明して「佐藤惣兵衛一派を何とかしてほしい」と頼み込んだ。土産とは、要するに賄賂である。このときは根来寺が訴えを聞き入れてくれて、制札《せいさつ》が与えられることになった。

制札というのは木の札に字を書いたもので、「一、ここで乱暴狼藉を働いてはならない」「一、ここで金品を略奪してはならない」「一、もし禁を破った場合、根来寺が相手になる」といった内容の文言が書かれていた。

こうした制札は江戸時代になるまで紛争地域で掲げられ、信長や秀吉、あるいは戦国大名の名前で「この制札の指示を守らないと、誰々が来てお前を罰するぞ」という内容の指示が出されている。

制札が実際にどの程度、有効だったかはわからない。制札の指示が破られたとき、信長や戦国大名たちが本気で禁を破った側に懲罰を加えにやってくるかというと、現実的には見込みは薄いかもしれない。しかし、制札を掲げないで、やられっ放しになるよりはマシだということで、地域の農民たちは力のある者に賄賂を渡して制札を作成してもらったのであった。

日根荘の場合、根来寺から出た制札を地元で掲げたところ、それを見た佐藤一派は「わかった。では、今回は退こう」ということで荘園から去ったと『政基公旅引付』に記されている。ちなみに、元関白の九条政基はナマの暴力が存在感を示したこの事件に関して、なすすべがなかった。

このケースからは、惣村のリーダーたちが地域の権力者と交渉をやってのけるだけの知力を持っていたことが読み取れる。彼らはこうした事案については、武力を持たない政基に頼っても意味がないことを理解している。また、先述したとおり農民たちは刀や槍も隠し持ち、落武者狩りをやっていた。つまり、ある程度の武力もあったわけで、勝てる相手だと思えばきっと戦うケースもあったに違いない。

この当時、地域を治める存在としては守護大名をはじめ、近隣の戦国大名や幕府直属の中規模な領主など、武家の勢力があった。ほかに皇族や貴族など公家、それに寺社勢力もあった。そして、今なら行政に税金を一回納めれば済むのに対し、当時は下手をするといくつもの勢力から二重三重に金品を要求される恐れがあった。ふたつ以上の権力から税金を取られるケースのことを、「二重成し《ふたえなし》」と呼んだ。

そういう公的な存在ではなく、佐藤惣兵衛と家来たちのような私的な色彩の濃い集団もあった。『七人の侍』では野武士たちが村を襲い、略奪をしたが、そういう日常が戦国時代にはあったのだ。

こういう状況では、農民たちは堪《たま》らない。だから、同じ税金を払うにしても権力が一元化され、一括して納めれば済む状態を望んだのは当然のことであった。「二重成しはゴメンだ」というのが農民みんなの強い思いであった。そこに統一権力が生まれる必然が生じたのだ。

農民たちのシビアな現実

惣村の農民たちが困難に立ち向かう力、知力も武力もともに持っていたことは述べた通りだが、それと心情が善良だったかということは全く別次元の話になる。落武者狩りを普通に行っていたことからもわかるように、時には略奪者となる面を、彼らは備えていた。日根荘でも無残な事件が起きていたことが、『政基公旅引付』に記されている。

それは夫を亡くし、乳飲み子を抱えた寡婦が盗みを働いた事件である。あまりにお腹が空いたのか、この母親は近くの家に忍び込んで、蕨《わらび》の粉を盗んで食べた。蕨の粉というのは、要はでんぷんで蕨餅の原料となる。そのままでは、おいしくなどないだろう。おそらく食べる物がなく、ひもじさのあまりに母親が思わず手を出したのではないか。

そして、どういう経緯かはわからないが、この盗みが発覚してしまった。牧歌的な田舎の農村だから「そんなに困っているなら、なぜ言わなかった。かわいそうに。言ってくれれば、食べ物を分けてあげたのに」と言って、救いの手を差し伸べる温かいリアクションを予想するかもしれない。

ところが、現実は全く違っていた。惣村の住人たちは自検断《じけんだん》（犯罪を惣村で裁くこと。調査や罪の重さの勘案を自ら行った）もせずに、暴力を振るったのである。私たちの社会であれば、裁判所が罪を裁く。江戸時代には奉行所が裁く。ところが戦国時代にはそういう公的な組織がないため、地域の共同体が自ら裁く自検断しかなかった。

このケースでは、その自検断すら行われず、蕨の粉を盗んだ母親はリンチにあって、殴り殺されてしまったのだ。さらに酷いことに、何の罪もない乳飲み子まで殺されている。野蛮としか言いようがない事件であった。惣村のリーダーたちは、「何と軽はずみな。人の命を何だと思っているのか！」と住人たちを叱ったか？　いや、それもなかった。政基も「哀れだが、盗みを働いたのだからしかたがない」と記すのみであった。

こうして、『政基公旅引付』に書かれている実際の事件を見ると、日根荘の農民たちは強大な力を持つ根来寺に働きかけて佐藤惣兵衛を排除する知力や交渉力を持つ一方で、残虐と言わざるをえない暴力性も有していたのである。もちろん、いじめも大手をふって横行しただろうから、そうした暴力はいつ惣村の構成員たる自らに向かってくるかわからない。

それが当時の惣村であり、農民たちの実態だったとすると、そういう状況を変える権力が待ち望まれたに相違ない。複数の権力から税金を取られる「二重成し」を嫌い、野放図な暴力を忌避する動きが、時代のトレンドとして信長の統一政権を生み出していく原動力になったのだ。

そうであるならば、国を越えて日本をひとつにまとめようとする信長のビジョンは、地域の農民たちの切実なニーズに応えるという側面を持っていたと評価できる。

税のシステムで「公平」を実現した信長

強大な権力を握った信長は、自らが支配している地域で一律に税金を取るシステムを考えた。

鎌倉時代、幕府は各地の地頭がどのように税金を取っているか、全く調査しなかった。幕府がきちんと調査・管理しなかったため、地頭は農民たちから取れるだけ税金を搾り取ったのである。そういう地頭の無茶な行状《ぎょうじょう》は「泣く子と地頭には勝てない」という言葉で知られるとおりだ。

ただし、地頭たちも馬鹿ではないから、農民たちから税金を取りすぎてしまうと翌年の収穫が減り、結果的に自分たちに入る税金が目減りすることはわかっていた。だから、税金が減らないギリギリのところで取り立てていたと推測できる。

室町時代、京都の幕府は基本的な経済政策として全国一律に税金を徴収すること、すなわち公平性ということを最初から考えていなかった。幕府の方針を強いて言うならば、「取れるところから取る」であった。主に京都周辺の富裕な商人たちから税金を取ることに力を入れたのである。したがって、室町幕府がはたして全国政権と言えるのかを考える必要があるほど、室町幕府の力は限られたものであった（第四章参照）。

これに対し、信長は全国を視野におさめた権力を作ろうとしたため、当然ながら税金を一律に徴収することを目指した。つまり、負担の公平を意識したのである。

課税をされる側、つまり一般市民の税に対する意識を調査した研究によれば、重税を課されることの負担感は大きいが、税が重いだけでは政府に対して実力で反抗することはあまりない。では、どんな場合に民衆が立ち上がり、権力を打倒しようとするかと言えば、税金が重いだけでなく、税の負担が不公平であるときだという。

信長の場合、領土を広げて税金をかけたわけだが、そこにはある種の公平性があった。だから、民衆にしてみれば、信長の支配下に入れば税負担が公平に課されるというメリットがあったのだと思う。

網野氏は、『無縁・公界・楽』の空間で保たれていた人々の平等を戦国大名が侵食したと考えたが、むしろ信長が全国支配を目論んだことで、公平性を実現する道筋がつけられたのではないだろうか。民衆の税の不公平に対する不満は、そうした支配を受け入れる素地になったのではないかと考えられるのだ。

終章
歴史的人間とは何か

源頼朝と義経の関係

これまで第一章から第五章にかけて、宗教や土地、軍事や国家、社会といった切り口から戦国時代の構造を読み解くことで、「歴史的人間」としての信長を浮き彫りにすることを試みてきた。最後に、改めてこの「歴史的人間」というものについて、歴史学の変遷も交えながら考えてみたい。

歴史的人間に対置できるのが、いわば「物語的」な人間像だ。

たとえば、源頼朝という人物について考えるとき、私の脳裏に決まって浮かぶのが少し古いが、NHK大河ドラマ「草燃える」の一場面である。源頼朝役は石坂浩二、弟の義経を国広富之が演じていた。

義経は後白河上皇の策にはまり、深く考えることをせずに鎌倉幕府の意志に背《そむ》くような振る舞いを重ねていた。このため、源頼朝は「義経を討て」と命じ、弟を追い詰めて討ち滅ぼした。さらに義経を匿《かくま》った奥州藤原氏も討伐する。

このとき、軍勢を率いて平泉まで進んだ石坂浩二扮する頼朝は「ひとりにしてくれ」と家来たちに告げた。そして、義経が腹を切って自害したといわれる衣川《ころもがわ》のお堂にひとり入り、義経が斃《たお》れ伏したとおぼしきお堂の床をなでさすりながら、「九郎《くろう》よ、九郎よ」と言って号泣する。九郎というのは、もちろん、源九郎判官《ほうがん》義経のことである。

このドラマは、それまで頼朝の感情を抑制的に、むしろ冷たく感じられるように描いていた。戦《いく》さだけは天才的だが、思慮の足りない弟への愛など、微塵もないように描写していた。それだけに、家臣たちからひとり離れて、いきなり頼朝が号泣し出した演出は、私の心に強く響いた。と同時に、このシーンに歴史的人間である「鎌倉殿」源頼朝と、ひとりの人間である源頼朝の違いが浮き彫りになっていると感じたのだ。

実のところ頼朝が弟である義経をどれだけ愛していたか、いなかったかはわからない。そうした感情とは別に、源頼朝はあくまでも鎌倉幕府の敵として義経を追い詰め、討ち滅ぼしたわけだ。

歴史学が扱うのは、こうした歴史的人間としての頼朝である。ひとりの人間、物語的人間としての頼朝を描くのは、文学者やドラマの演出家や歴史小説家の仕事である。もちろん、そうした人間のドラマは非常に心に訴えるものがあるけれども、それは歴史学の役割ではない。歴史学の方法は人の心の中にまでは入っていけないのだ。

歴史学的に見れば、このころ、源頼朝が第一の目的としていたのは、「主従制的支配権」

の確立であった。鎌倉殿である自分と武士たちの間に主従関係を設定することが最大の課題であり、しかもその主従関係は、当時の日本社会にあったものとはまるで異なるくらい強固でなくてはならなかった。というのも、その関係が緊密であればあるほど、鎌倉幕府は強大な権力を持つことができたからだ。

朝廷にも天皇と貴族のあいだや、上級貴族と下級貴族のあいだに主従制はあった。けれどもそれは、命懸けの奉公を求めるものではなかった。ゆるかったのだ。ところが、源頼朝は武家の棟梁として武士たちに「オレのために戦って死ね」と要求したのである。

その代わりに、武士たちに何よりの財産である土地の所有を認めた。その土地がおまえのものであることを、オレの名前で認める。それが脅かされるとなれば、オレが守ってやるということだ。頼朝のために命懸けで働くとなれば、命はひとつしかないので、真の主人もひとりということになる。そういう厳しい関係を求めたのである。

武士を主従制に包摂していくことは、鎌倉幕府の一番重要なミッションであった。頼朝と主従関係を結んだ武士たちは御家人と呼ばれ、御家人が所有する財産の総和が鎌倉幕府の財産となった。つまり、御家人の数が多ければ多いほど、鎌倉幕府の権力も強大になるということだ。

ところが、義経が後白河上皇との間に朝廷風の、いわばゆるい主従関係を結んでしまった。その際、後白河上皇から授かったのは官位官職だった。左衛門少尉《さえもんのしょうじょう》、つまり今でいう警察庁のエリート官僚にしてやると言われて、義経は尻尾を振ってしまったわけだ。それは、朝廷の誘惑をはねのけて独自の主従制を確立したいと思っていた頼朝にとって、背信行為であった。そこから兄弟の亀裂が始まり、義経の討滅へと至ったのだ。

頼朝は全国の武士を自分の家来に組み込むことを目指したが、彼の時代にはそこまでは達成されなかった。関東を中心とした東国では家来になった武士が多数いたが、西国では少数に止まった。その後、鎌倉時代が進むにつれて、西国にも幕府の勢力が伸びていくことになる。

歴史学は心にまでは踏み込めない

頼朝が絶対的な存在であることは、鎌倉幕府の経営にとって必須であった。ところが、弟である義経は兄の地位をおびやかす存在であったから殺さざるをえなかった……。頼朝による義経の討伐については、このような解釈も成り立つ。

弟というのは常に兄の代わりを務めることができる、つまり互換性があるという点で非常に厄介な存在なのだ。

江戸幕府でも、中世ヨーロッパでもアラブでも、権力者が不慮の事故で亡くなったときに備えて、弟をひとりかふたりスペアに取っておくのが定石であった。弟はスペアとして据えたときに、もっとも座り心地がいいのである。

逆に言えば、このスペアの存在は権力者一番のライバルになりうる。だから権力者が弟を殺してしまうケースは少なくない。

室町幕府の将軍だった足利尊氏は、弟で副将軍の直義《ただよし》を殺したとされる。伊達政宗も、大友宗麟も、織田信長も、毛利元就《もとなり》も弟を殺している。弟を殺すことは、武家の権力者にとって珍しいことではなかった。源頼朝が義経を警戒して殺したのも、政治的にはリーズナブルな行動だったのだ。

そう考えると、義経が狙われた理由はふたつある。ひとつは、すでに述べたように義経が後白河上皇と主従関係を結んだことである。もうひとつは、武家政権を確立するうえで、そもそも将軍のスペアである弟という存在自体が持つ危険性である。

歴史学では、このような見方に立って歴史を考える。源頼朝の弟にたいする愛憎やその冷酷さといった感情について考えることはないし、実際問題として検証しようがないのである。

私の師匠のさらに師である佐藤進一先生は「歴史学というのは、歴史的人間の心にまでは踏み込めない学問である」と述べた。歴史学の対象とする人間がどういう感情や思いを持っていたかという点については、私たち歴史研究者は立ち入ることができないし、立ち入るべきではないと佐藤先生は主張した。そういう人間の感情や思いについて考えるのは、先述した如く国文学者や小説家の仕事である。ついでに言うと、その人間の行動は（彼の意図するところにかかわらず）社会にどう見えたか、どう影響を与えたか、を考えるのが社会学である。

私なりに表現すると、歴史的な人間がどんな感情を持っていようが、その人が課せられた使命があり、その使命に従って行動が示される。つまり、人間が歴史を動かすのではなく、実際には歴史が人間を作るのである。

だから、歴史的人間の行動とひとりの人間としての感情や思いは乖離《かいり》していて当たり前なのであり、それは歴史学者に共通の考えであると私は了解している。その一線を踏み越えると、歴史学と国文学や小説との区別ができなくなってしまうからである。

もっとも、そのあたりをきちんと区別して両方をあわせ捉えることができるなら、それに越したことはない。学際的研究が推奨される今日、両方の方法論を駆使する研究はたいへんに望ましい。だが現実としては、残念ながら、そうしたスケールの大きな研究はなかなか現れることがない。

鎌倉から室町へ、時代の移行を読み解く

源頼朝に言及したので、足利尊氏にも触れておこう。尊氏が人間としては後醍醐天皇に強い親近感を持っていた、とはよく指摘されることである。朝廷から討伐の対象とされたとき、彼がきわめて不安定な精神状態になったことも、よく言及される。では、たとえば尊氏が建武政権を打倒したのは偶発的なできごとだったのだろうか。逆に言うと、尊氏の判断次第では、建武政権はそのまま安泰だったのか？

私はそのようには思わない。仮に、足利尊氏が瞬間的には建武政権に従ってもいずれ対立するか、第二、第三の「足利尊氏」が必ず現れて建武政権を滅ぼしたであろう。なぜなら、建武政権が武士の力を認めず、その台頭を押さえ込もうとしたのが事の本質であり、

これに反発する勢力が必ず出てきたはずだからである。

護良親王《もりよししんのう》が「私が征夷大将軍になって、武士をまとめます」と奏上したとき、父親である後醍醐天皇は「いや、征夷大将軍は要らない。私は武士が権力を持つこと自体を認めない」という趣旨の発言をして、護良親王の提案を却下している。

その後、今度は足利尊氏が「私を将軍にしてください」という願いを出したが、それも退けた。つまり、後醍醐天皇の政治においては、武士が権力を持つことをオーソライズしないと明確に宣言しているわけだ。その後醍醐天皇の姿勢に、武士たちは承服することができなかったわけだ。

鎌倉時代を通して武士は力を蓄え、政治権力を握っていった。幕府が倒れたからといって、武士全体の力が否定されたことにはならないのである。北条氏の幕府が倒れても、武士が直に参画する武士の政権は必要であった。ところが、建武政権はそういう時代の流れに逆行したものであった。

だから、建武政権が滅ぼされることは歴史的な必然だと考えられる。その動きを体現したのが結果的には足利尊氏だったのであり、仮に彼が滅ぼさなくても、必ず別の誰かが現れて建武政権を滅ぼしたに違いない。それが、歴史的人間が現れる必然性というものであり、歴史に「もしも」はないという本当の内実なのであって、歴史学の基本的な考え方だと思う。

あの時代についての私の考えを述べておくと、鎌倉幕府というのは一言で言えば、土地に根ざした政権である。つまり、土地を耕して生活を成立せしめることが政権の基盤となっており、倹約とか質実剛健を美徳とする考え方もそこから出てくる。

一方、室町幕府は京都を中心にした経済流通に根ざした政権である。日本列島では一二五〇年ぐらいまでに銅銭の流通が広がり、貨幣経済が定着する。銭を使って経済を盛んにし、富を循環させながら税を徴収するという仕組みができてくる。その動きに呼応するように、都の流通経済に根ざした政権が必然的に生まれたわけだ。

そういう流れからすると、建武政権はなくてもおかしくなかった鬼っ子的な政権だった。わずか三年で倒れたので、現代日本の小泉純一郎内閣や安倍晋三内閣よりも短命である。鎌倉幕府をつぶすためにかりそめに生まれた政権だと考えることもできるぐらいで、建武政権自体が大きな役割を果たしたとは評価できない。

だから、足利尊氏がどんな動きをしたとか、鎌倉幕府最後の得宗である北条高時《たかとき》がどれほど無能だったかといったこととは関係なく、鎌倉幕府はあれくらいの時期に、何かをきっかけにして滅亡し、室町幕府へと変貌を遂げていっただろう。それが、歴史の大きな流れだったのだ。

なぜ歴史学は明治の花形だったのか

私がなぜこうした歴史の構造にこだわるのかというと、それは歴史学、なかでも日本史学のあるべき姿について考えているからだ。ここで、明治期以後の歴史学の流れについて触れておきたい。

歴史学という学問は、明治時代には大いにもてはやされ、花形とも言える学問のひとつであった。

明治時代に文系の学問の代表と言えば、やはり法学だった。明治政府は、大日本帝国憲法を定め、ヨーロッパ大陸から近代法を導入してつくられた国家であった（もちろん、藩閥や元老といった法に縛られない存在によって、政治が執り行われていたという側面もあったけれども）。

だから、法学部は帝国大学の中心であり、法学こそは明治の社会を動かしていくエリートたちが学ぶべき学問として重視された。これは、日本が法治国家であることが内外できちんと認識されていたことを示しており、この構図は実は現在も変わっていない。

法学が重視されたのは当然として、興味深いことに、文学部のなかにあった歴史学もそれなりに重視されていた。現代ではすっかり影がうすくなった歴史学がなぜそんなに重んじられたかと言うと、それは天皇の問題が絡んでいたからだと私は考えている。

明治政府は、南北朝時代に関する歴史認識で「南朝が正統であり、北朝は閏《じゅん》、つまりは偽モノだ」という歴史的な見方に立脚した。これを受けて明治天皇は、天皇自身の言葉としてこの認識に正当性を与えている。

ところが、誰が見ても明らかなように、明治天皇は北朝の子孫なのである。京都の朝廷も、室町、江戸時代を通じて、北朝が正統であることに誰ひとり疑いを持ってはいなかった。たとえば、上級貴族の職員録である『公卿補任《くぎょうぶにん》』も朝廷関連の歴史書も、北朝を基本にして書かれている。北朝・南朝という分け方がないし、この頃に吉野地方で、などという付記もない。貴族たちは、南朝という存在自体をまったく意識していなかったのだ。

明治時代末期に大逆《たいぎゃく》事件が起きた際、幸徳秋水《こうとくしゅうすい》が「今の天皇は偽者の子孫ではないか」と言ったために政府があわてた、という伝説があるが、この視点は必然的に出てきたことだ。明治政府が初めから「北朝が正統である」という立場を取っていれば、国民は自然に受け止め、何の問題もなかったのであるが。

では、なぜ明治政府が南朝を正統としたか。かつて対談をした時に秦郁彦《はたいくひこ》先生は「明治の元勲はみな楠木正成《まさしげ》になりたかったのだよ」と笑っておられた。もちろんそうした気分は濃厚にあったのだろうが、より原理的には、当時の尊王攘夷思想が水戸学（より具体的には、会沢正志斎《あいざわせいしさい》の国体論）を根拠としたからだろう。水戸学は、徳川光圀《みつくに》の命を受け『大日本史』という史料を編纂した学者たちが創始した学問である。

『大日本史』は、私が所属する東大史料編纂所が編纂している『大日本史料』の先輩に当たる史料である。『大日本史』の編纂が始まったことによって歴史学が学問になったと言ってもいいくらい大きな仕事だったが、この水戸学が「南朝が正統である」と主張したのだ。

水戸学は幕末に尊皇攘夷を提唱し、それは志士たちの合言葉になっていった。もともと天皇を尊ぶ尊皇と、外国を打ち払う攘夷は全く異なる概念であった。ところが、このふたつが水戸学によってひとつになり、やがて倒幕へという流れを作っていったのである。

このため、倒幕運動の理論的なバックボーンは水戸学にあると考えられる。水戸学から強い影響を受けた明治の元勲たちは、「南朝が正統である」という水戸学の見方をも受け継いだのである。
その際に問題にならざるを得なかったのが、明治天皇は誰がどう見ても北朝の子孫であったことだ。南朝を正統とする以上、何か工夫を挟み込まないと、明治天皇の君臨に難癖をつける輩が現れぬとも限らない。そこで、その矛盾の解決が、当時の歴史学に重要な使命として与えられた。明治天皇の地位を安心確実にすることが、歴史学に要請されたわけだ。

言うまでもなく、明治政府は万世一系の天皇を大日本帝国のアイデンティティとして内外にうち示した。明治天皇の下に力を合わせて、欧米列強に追いつけ追い越せと富国強兵政策を進めた。その目的を実現するためにも、日本は万世一系の天皇を戴く伝統ある国であり、同じ言語を話すひとつの民族がひとつの国家を長く形成しているというイメージを作らなければならなかった。

お隣りの中華帝国は四千年の歴史を持つ大国であり、中国を中心にして東アジアの歴史が動いてきた。これは抗いようのない史実であった。世界史的な観点からすれば、中国との関わりのなかで日本の歴史を語るというのが自然だったのだ。ところがその流れにあえて反して、日本が主人公である歴史を作り上げていった。

V字型歴史観への疑問

日本の歴史学を振り返ると、太平洋戦争が終わるまでは皇国史観に基づいていた。皇国史観とは、神話を「信じる」ことを含み込んだ歴史の見方である。これは明らかに矛盾している。信じるか信じないかということを内包してしまったら、科学的な学問にはなりえないからである。科学的な学問とは、開示された根拠をもとに合理的に考えれば、誰でもが同じ結論に到達するものを言う。一プラス二は、どう計算しても三になる。もちろん、社会科学や人文科学はそこまできれいに割り切れることばかりではないが、概《おおむ》ねそういうことだ。

歴史学の場合であれば、必ず良質な歴史資料（史料）に基づいていることが大前提になる。史料に則してと言っても、信頼性の低いものは斥《しりぞ》けて、信頼性の高い史料を見極める必要がある。明治以後、その面での研究はたいへんに進んで、史料にどれだけ信頼性があるかを吟味する方法が蓄積されてきた。

そうやって史料に書かれている叙述をもとに歴史像を構築していく、という実証的な歴史学が盛んになっていった。明治の歴史学は、科学的で実証的な学問として、研鑽を重ねてきたのであった。
ふつうは大正時代に入ると、自由な空気が世の中を包んだと言われている。いわゆる大正デモクラシーであるが、こと日本史に関しては、この見方は当てはまらないと私は考えている。

明治時代は締め付けが強かったが、大正デモクラシーで自由になり、昭和に入って今度は軍部の台頭によって再び締め付けが厳しくなったという逆V字型の歴史学解釈は、どうも当たっていないようだ。日本史に限って言うならば、大正に入ると逆に締め付けが厳しくなっていったらしい。

たとえば、平民宰相と言われた原敬《はらたかし》の日記を読むと、一九一一年（明治四十四年）頃、彼は当時の首相だった桂太郎に「天皇のことを研究するのをどう思うか」と質《ただ》している。桂太郎は長州閥の中心的な人物で、山縣有朋《やまがたありとも》の直系の子分である。

これに対して、桂太郎は「学問として天皇のことを考察するのは、学者のやりたいように任せておけばいい」と応じ、原敬も「全く同感である」と述べている。つまり、この問答を見る限り、当時の政界を代表する政治家たちが、それなりに学問の自由について認めていることがわかる。

ところが、大逆事件で捕まった幸徳秋水が「いまの天子は、南朝の天子を抹殺して三種の神器を奪い取った北朝の天子ではないか」と法廷で述べたという話が世間に漏れた際、山縣有朋は激怒して「天皇陛下のことはどうなっているのか」と周囲に詰問したと伝わる。幸徳の一件が直接のきっかけとなったかどうかは定かではないが、この時期から昭和初期にかけて国家の規制が厳しくなり、昭和の国体明徴運動へとつながっていったのである。

こうした時代の風潮に呼応して、学問の自由のみならず、日本の歴史学に対しても政府の干渉がとくに厳しくなっていった。

信仰としての皇国史観

日本史をめぐる論争はまず南北朝正閏論《せいじゅん》（南朝と北朝はどちらが正しく、どちらがニセものか）で始まった。この時代の呼び方について、東京帝国大学教授で史料編纂掛（今の史料編纂所）主任を兼務した田中義成《よしなり》は「南北朝時代という呼び方が一番、客観的でいいと思う」と述べ、吉野の南朝と京都の北朝にそれぞれ天皇がいたことを認める発言をしていた。ところが、大正時代になると、南朝を吉野朝時代という看板に書き換えて講義をするようになった。つまり南朝のみが正しい、というわけだ。

こうした大正期の変化は、私が編纂に携わっている『大日本史料』にまで影響を与えている。

『大日本史料』の背表紙には、その巻で扱う期間「自○年○月　至×年×月」を表記し、あわせてその時の天皇の名前を記載している。たとえば、私が担当している『大日本史料』第五篇（鎌倉時代）の建長三年は、後深草天皇がそれにあたる。

一方で、南北朝時代を扱っている『大日本史料』第六篇では、現在はもとより、過去のものも、南朝と北朝のふたりの天皇の名前が書かれている。天皇が使っている元号もふたつ並記されている。

ところが、太平洋戦争に近くなると、「北朝の天皇の名前を消して、吉野朝時代にするように」「北朝の天皇が使っていた元号は記すな」という要請が史料編纂所に向けてなされた。史料編纂所はこうした圧力に最後まで抵抗し、戦争を何とか乗り切った経緯がある。裏ではいろいろなことがあっただろうが、表向きでは学問の自由を守り抜いたと言ってよい。

そういう歴史のなかから生まれてきたのが、皇国史観である。皇国史観とは、天皇を中心に据えて「世界に類のない」日本の歴史を叙述する歴史観のことだ。理論的な指導者は平泉澄だが、その師匠である黒板勝美あたりから始まったのではないかと私は見ている。

皇国史観では当然ながら、神話の扱いが重要な問題になる。

日本の神話は、天照大神の父であるイザナギノミコト、母であるイザナミノミコトらが登場する国生み神話から始まる。これについて、平泉は、古事記や日本書紀に書かれている肇国《ちょうこく》、つまり日本の国の始まりについて、きちんと歴史的事実として子どもたちに教えなければならない、と主張していた。

しかし、当たり前だが、肇国の神話には証拠《エビデンス》がない。証拠がないものは歴史とみなすことはできないはずだが、この点について平泉は、日本人は日本の歴史を「信じなければならない」と述べる。

同時に歴史について、「そは科学よりはむしろ芸術であり、更に究竟《きゅうきょう》すれば信仰である」（講演「歴史に於ける実と真」）とも述べており、信仰というものが日本史の根本になければならないとはっきり言明しているのである。

現代の私たちの感覚からすれば、信じる・信じないが根幹になる科学などというものはありえない。それは宗教のテリトリーに存するものだ。もちろん、古くは宗教哲学が学問の発展に多大な貢献をしたわけだが、究極のところでは信じるか信じないかの信仰と科学は峻別されるべきである。宗教は科学ではないという私たちの了解からすれば、信仰に立脚する皇国史観は宗教であって科学ではないということになる。

戦後の唯物史観

日本の歴史学を支配していた皇国史観は、戦後になるとGHQ（連合国軍最高司令官総司令部）によって否定された。歴史学も皇国史観に代わって、科学的な学問となるための拠り所が必要とされることになった。

このとき、巻き戻しのエネルギーによって、右に大きく振れていた針が真ん中で止まらずに、今度は左に大きく振れてしまった。それがマルクス主義に基づく唯物史観である。唯物史観では、階級闘争や下部構造を重視する。また、歴史は物語ではなく科学であることを強調し、物語性を否定するという大きな特徴を持っている。

東大系では網野善彦や石母田正《いしもだしょう》、京大系では権門体制論を主導した黒田俊雄や河音能《かわねよし》平《やす》、戸田芳実《とだよしみ》ら、偉大な歴史学者たちが唯物史観に基づいて研究を進めてきた。私自身もドイツの哲学者カール・マルクスの考え方には影響を受けているが、唯物史観という歴史の見方は取らない。

理由のひとつは、ベルリンの壁の崩壊と、それに続くソビエト連邦の崩壊をまざまざと見せつけられたことだ。科学としての唯物史観は非常によくできていたが、机上の空論にすぎないのではないかという疑念が拭えなかった。社会システムを分析する考え方としては優れているものの、生きている人間の集まりを捉え切れるのか。

もうひとつは、私が学生だった頃の東大日本史学の状況である。中世史、近世史の研究室は、日本共産党系の青年組織である日本民主青年同盟（以下、民青）の影響を強く受けていた。つまり、学問のなかにも政治が介入してきていたわけだ。民青は当然ながら、唯物史観の立場に立っていたが、私は「これは違う」と思ったのだ。

私が三年生で東大の本郷キャンパスに移ったとき、三人の先輩たちに民青に入るようにオルグされた。「高原でマルクスを読もう。可愛い女の子も来るよ」と誘われて、そうか女の子かと心が動いたのを覚えている。私は結局、行かなかったが、一九八〇年代当時は「知識人をめざす者は左でなくてはならない」という空気が蔓延していた。

私はそういう風潮に納得できず、「学問と政治を絡めるのはやめよう」と呼びかけ、行動にも移した。幸い、私の学年から下の世代の歴史研究者は、基本的に政治活動から離れるようになった。少しは学問の自由を守ることに貢献できたかな、と自負している。

歴史嫌いを増やした戦後の教育

昨今は歴史ブームと言われ、ベストセラーになる歴史書もあるが、子どもたちは口を揃えて「日本史はキライだ」と言う。「キライなのはなぜ?」と聞くと、やはり「暗記中心だから」という答えが返ってくる。歴史学が花形とされていた時代と比べるべくもない。

戦後の教育は、基本的にテストで良い点を取ることを求められる。「これを覚えなさい」「あれを覚えなさい」と暗記を強要され、私立大学の受験対策では、山川出版社の教科書の注にあるような事柄を覚えているかどうかが試される。まるで重箱の隅をつつくかのようだ。そんな教育をしていて、子どもたちが歴史を好きになるわけがない。

そこで、私はひとりの歴史研究者として「みんなにもっと歴史を好きになってもらいたい」と思い、仲間に笑われたり、軽んじられるのはわかっているが、テレビやラジオなどのメディアに出演するようになった。

きっかけは、イギリスなどで生まれたサイエンス・カフェを知ったことだ。「なぜ飛行機は空を飛ぶのか」「なぜテレビは映るのか」「コンピュータはどんな原理で進化しているのか」といった科学的なテーマについて、サイエンス・コミュニケーターと呼ばれる人たちとお茶を飲みながら、対等な目線で話し合う場である。パリではもっと前から、カフェでお茶を飲みながら哲学について語り合う場があった。

サイエンス・カフェのような形で、研究者が社会に出ていかなくてはいけないのではないか。そして、歴史学の最前線の成果をわかりやすく伝えて、多くの人たちに聞いてもらうことが大切ではないかと思ったのである。

ただし、メディアに出ても、私がしたい学問的な話が必ずしもできるわけではない。どういうテーマの事柄を、どういう切り口で話したら、メディアの側に受け入れられるかを考えなければならない。

メディア側が何を求めているかと言えば、やはり歴史上の人間ドラマである。たとえば、坂本龍馬や織田信長がどんな人間だったかについては、メディア側も興味を持っている。逆に言うと、その人間がいかに独創的で歴史を変えたか、その人間がどのような魅力を持っていたかを語らないと、メディアには受け入れてもらえない。

一方で、歴史学的な見方をすれば、本書で述べてきたように「ひとりの人間が歴史を変える」ということはない。

歴史研究者としては、人間が歴史を動かすのではなく、歴史こそが（歴史的）人間を作るという歴史学の基本から逸脱するわけにもいかない。一方で、そういう人間の実像を語ることが、歴史を好きになってもらう王道かもしれないという気もする。だから、メディアでの発言はいつも難しい判断を迫られることになる。

歴史学の現在

戦後、皇国史観が否定され、唯物史観が登場してきた経緯についてはすでに述べた。そして、ソ連の崩壊とともに唯物史観も当てにならないとなったとき、新しい歴史観を作ることが要請された。

たとえば、哲学を採り入れた社会学では構造主義が台頭しただけでなく、その構造を脱構築するという概念が出てくるようになった。ところが、日本史学ではその後、唯物史観に代わる新しい歴史観は提示されていない。言ってみれば、社会学の方が二段階ほど、日本史学より先に進んでいる。それは、私たち日本史研究者の怠慢と言ってよい。

先祖返りのように明治期のような実証主義を唱える研究者もいるが、実証はあくまでも手段にすぎない。歴史観というのは歴史の見方だから、ひとつひとつの実証的な歴史像を積み重ねることが大切なのは当然で、実証作業を使いこなしながら歴史観を磨いていかねばならないのだ。だが、多くの研究者は実証にしがみつくことが良心的とうそぶき、そこを越えて考えることを止めてしまっている。日本史学は今、そういう状況にあるのだ。

それでは私たち研究者は、これからいったいどのように歴史を見ていけばいいのだろうか。

私自身は、史料から実証していくだけでは十分ではなく、①社会の下部構造を科学的に押さえる。②そのうえで論理を重んじて歴史像を復元していくべきだと考えている。言葉を換えると、社会の生産構造を踏まえたうえで、上部構造としての人間の歴史を物語りたいと思っているのだ。

下部構造（生産構造）との関連において人物や事件のありようを述べる。つまり歴史の構造をしっかりと把握する。この作業がきちんと行えれば、その構造を止揚する（脱け出す）方法が見えてくる。これが脱構築の歴史観につながるのではないか。

構造がきちんと理解されたときに初めて、人間は自分がその構造のなかでどんな役割を果たさねばならないかがわかる。社会構造の側が一人一人の人間の役割を要請してくるのである。その求めに応じた役割を十分に果たしえたとき、それは社会構造に準拠する歴史的な人間として振る舞っていることになる。

歴史学の役割は、そうした「歴史的人間」の姿を炙り出すことではないだろうか。

ただし、人は「歴史的人間」としてのみ、生きなくてはならぬわけではない。自身の意志のもとに社会の要求をはねのけ、生きる権利を持っている。そうした「自由」を効果的に発現するためには、止揚する対象としての歴史の構造を見透すことが必要になるのだ。

再考する、歴史的人間とは何か

歴史的人間をどう捉えればよいのか。まだ試案の段階ではあるが、ここではそのことを改めて述べてみたい。

基本的な歴史の見方としては、すでに触れたように、その時代ごとの社会構造を客観的に明らかにしていくことが必要になる。

たとえば、鎌倉時代の後期であれば、どのような社会であったか。それが、室町時代に入ると、どのように変わったのか。土地を重視する政権から、貨幣を媒体とした商業流通に立脚する政権に変わったことは前述した通りだが、そういう根本的な変化を明らかにする。

土地から商業流通へという変化が当時の世界史的な流れ、あるいは東アジア史の流れでも同様であるならば、それは必然的な歴史の表れとして認めることができるだろう。一方、日本史の表舞台に登場する人物、たとえば後醍醐天皇や足利尊氏など、彼らの個人的な振る舞いや感情は、歴史全体の観点からすると、重要性のランクが落ちると評さざるをえない。

鎌倉から室町へ、すなわち南北朝時代のありようが大きな歴史の流れの中に位置づけられたならば、後醍醐や尊氏といった一人一人の人間と社会構造はどういう関係になるのか。社会構造は人間に対して、どういう要請をしてくるのかが次なる問題になる。言い換えれば、その社会構造のもと、人間は社会の要請を受けて振る舞いを決定していくわけだ。そのときに社会の要請をうまく体現するような人間を、歴史的な人間と呼ぶことができるのではないか。

こう言うと、「歴史的人間」というのは結局、社会にインパクトを与えるような大きなことを成し遂げた人でしかない、すなわち英雄史観ではないかという指摘がありえるだろう。

それに対しては、次のように答えられる。その人間がどういう立ち位置にいるかで、社会からの要請は違ってくる。社会的に重大な要請を求められる人間もいるし、毎日を平穏に過ごすことだけを求められる人間もいるだろう。大きなことを成し遂げる人だけが「歴史的人間」というわけではけっしてないのだ。

逆に言えば、そういう社会的な要請を理解しながらも、そこから脱け出す人間も当然、出てくるに違いない。自分はこういう社会的な役割を与えられ、こういう振る舞いを求められているようだが、そんなことをするのは真っ平御免だと言って、その要請に背を向けて生きていく歴史的人間がいても一向に差し支えないわけだ。

ただし、そういうケースについて、その人間の活動を追いかけて認識することが、はたして歴史学的に意味があるのかと言えば、やはり疑問符が付く。社会と自覚的に距離を取って生きていく人間の足跡を追うことは、それを裏付ける史料を探すという点でも非常に困難になると思う。

作家の唐木順三《からきじゅんぞう》氏が書いた『無用者の系譜』は、私の愛読書である。その冒頭に、松尾芭蕉の「わが風雅は夏炉冬扇《かろとうせん》のごとし」という文言が取り上げられている。芭蕉は、自分の俳句は夏の暖かいストーブや冬のウチワのように無用なものであると述べた。「衆に逆《さか》いて用いるところなし」。

そうなると当然ながら、社会の要請と違うベクトルで動くのだから、立身出世もお金儲けも望めず、社会的な成功は覚束《おぼつか》ないだろう。俳句を作ることは世の中のために何の役にも立っていないと見切りながらも、「それでも、私はこの道を行く。私の人生を生きていく」と芭蕉は書いている。

そういう生き方をする人間のことを、唐木順三は無用者と言ったのだが、芭蕉のようにそこから芸術が生まれた側面もあるわけで、もし史料や研究手法の困難を乗り越えてそうした人々を歴史学が扱えるようになれば、また歴史世界は豊かに変わってくるだろう。

信長について、いま考えるべきこと

このように考えるとき、社会構造と人間の関係を一番よく体現しているのが、織田信長ではないかと私は考えている。

序章で述べたように、信長の評価は時代によって変遷が見られる。社会変革の担い手であったとして、その革新性が評価されてきた一方で最近増えてきたのが、こうした革新的な信長像に対して疑義を呈して「信長のしたことは他の大名に先駆けるものではなかった」「守旧的な大名だった」ということを主張する歴史研究者や歴史好きの人たちだ。

しかし、信長が革新か守旧かという議論は、よく考えれば、あまり意味のないことである。むしろ、信長について歴史研究者が考えるべきことは、戦国時代はどうして終息したのか、大分裂時代が終わって天下が統一されたのはどうしてかということだ。この点が、歴史学的には、一番大きな問題になる。

本書は、このような問題意識に立ち、歴史学の新たなスキームを視野に入れながら、信長という歴史的人間の行動を宗教や土地、軍事や国家といった構造から捉えようとした試みである。

純粋に学問的な観点から言えば、これは「信長」という個人についての研究とは異なる。信長のパーソナリティを明らかにすることではなく、時代が求めていた人間がどのように生まれ、戦国時代の分裂状態を治め、次の時代へと「アウフヘーベン」されたかを明らかにすることこそが重要な課題であるからだ。

「信長は普通の戦国大名であった」と主張する歴史研究者に聞きたいのは、「では、なぜ戦国時代は終わったのか」という問いである。信長という人間が出現したから戦国時代は終わったのではないのか。この場合の信長とは個人ではなく、社会的な要請を受けた歴史的な人物としての信長である。本書では、そのことを述べてきた。

武田信玄や上杉謙信のような武力や政治力に秀でていても「普通」だった戦国大名と比べたときに、信長が何ら彼らと本質的に変わらない存在であったならば、信長の振る舞いが戦国時代を終わらせたことを説明できない。「たまたまそうなった」としか答えられないのだ。

これでは、歴史学は「なぜ、そうなるのか」を考えることができず、偶然が支配するものになってしまう。残されるのは、単なる事実の跡付け作業だけだ。もちろん、事実を実証的に裏付けることは重要な作業だが、それだけでは学問とは呼べず、学ぶ意味もあまりないということになってしまう。

一方、当時の社会構造を明らかにしたうえで、社会的な要請をきちんと把握するという方向で歴史学が発展すれば、対比の作業を通じて、現代において私たちが置かれている社会構造がどういうもので、社会的な要請が何かをよりはっきりと認識することができるようになるだろう。そうすれば、現代に生きる私たちがどのような振る舞いを求められているのかを分析する助けになると思う。

社会的な要請に従って世の中の役に立とうと考える人もいれば、逆にそうした求めは妥当でないとして独自の道を歩もうという人もいるだろう。どちらの方向に進むにしても、ひとりひとりの行動を決定するために役立つ学問として、歴史学は存続を許されるのではないかと私は考えている。

このとき、たとえば戦国時代の社会の骨組みを明らかにし、そのなかで人間がどのように動いたら、どういう結果を招来したかという因果関係を探求して現代に生かしていくならば、歴史学は現代に十分に役に立つのであり、すべての歴史は現代史であると言えるのではないか。

もしそうであれば、胸を張って「歴史学を学ぼう」と若い人たちに呼びかけられるし、ひとりの歴史研究者としてこれほど嬉しいことはない。

信長《のぶなが》「歴史的人間《れきしてきにんげん》」とは何《なに》か

二〇一九年一二月一五日　初版第一刷発行
二〇二〇年一一月二〇日　初版第二刷発行

著　者　本郷《ほんごう》和人《かずと》
発行者　工藤秀之
発行所　株式会社トランスビュー
〒一〇三−〇〇一三
東京都中央区日本橋人形町二−三〇−六
電話　〇三−三六六四−七三三四
URL　http://www.transview.co.jp/

装　丁　國枝達也
装　画　平井利和
編集協力　瀧井宏臣
印刷・製本　モリモト印刷

ISBN 978-4-7987-0175-2 C0021

好評既刊

神秘の夜の旅

若松英輔

半世紀前に逝った稀有な文学者・越知保夫が小林秀雄、須賀敦子らとともに甦る。新たな批評家の登場を告げた鮮烈な書き下ろし。　2400円

死者との対話

若松英輔

死が耐えられないほど悲しいのは、その人と出会えた人生がそれほど素晴しかったから。二つの講演と名著43冊のブックリスト。　1600円

無痛文明論

森岡正博

快を求め、苦しみを避ける現代文明。そのなかで生きる意味を見失う私たち。現代文明と人間の欲望を突き詰めた著者の代表作。　3800円

義経の東アジア

小島 毅

義経はなぜ平泉に逃げたのか。清盛はなぜ福原に遷都したのか。東アジアの視点から歴史のダイナミズムを捉えた名著に四編を増補。　2400円

（価格税別）